T. R. P. Albert LEPIDI
Des Frères Prêcheurs
Maître des Sacrés Palais apostoliques

OPUSCULES
PHILOSOPHIQUES

Traduits de l'italien par E. VIGNON
Docteur en Théologie

L'ACTIVITÉ VOLONTAIRE DE L'HOMME
ET LA CAUSALITÉ DIVINE.
LA CRITIQUE DE LA RAISON PURE D'APRÈS KANT
ET LA VRAIE PHILOSOPHIE.
LA PASSION OU LA MISE EN ACTE DE LA PASSIVITÉ
ET SES CINQ ASPECTS DANS L'AME HUMAINE.
DU POUVOIR EXTRAORDINAIRE DE DIEU
SUR LES LOIS DE LA NATURE.

PREMIÈRE SÉRIE

PARIS
P. LETHIELLEUX, LIBRAIRE-ÉDITEUR
10, RUE CASSETTE, 10

OPUSCULES PHILOSOPHIQUES

PREMIÈRE SÉRIE

L'auteur et l'éditeur réservent tous droits de reproduction du présent ouvrage.

Cet ouvrage a été déposé conformément aux lois en octobre 1899.

T. R. P. Albert LEPIDI
Des Frères Prêcheurs
Maître des Sacrés Palais apostoliques

OPUSCULES
PHILOSOPHIQUES

Traduits de l'italien par E. VIGNON

Docteur en Théologie

L'ACTIVITÉ VOLONTAIRE DE L'HOMME
ET LA CAUSALITÉ DIVINE.
LA CRITIQUE DE LA RAISON PURE D'APRÈS KANT
ET LA VRAIE PHILOSOPHIE.
LA PASSION OU LA MISE EN ACTE DE LA PASSIVITÉ
ET SES CINQ ASPECTS DANS L'ÂME HUMAINE.
DU POUVOIR EXTRAORDINAIRE DE DIEU
SUR LES LOIS DE LA NATURE.

PREMIÈRE SÉRIE

PARIS
P. LETHIELLEUX, LIBRAIRE-ÉDITEUR
10, RUE CASSETTE, 10

INTRODUCTION

Les « Opuscules philosophiques », que nous sommes heureux de pouvoir offrir aujourd'hui à ceux qui, en France, ont conservé le goût et l'amour des doctrines thomistes, ont eu en Italie, et spécialement à Rome, un retentissement considérable. Quand ils parurent, philosophes et théologiens furent unanimes à en louer la puissance de dialectique, la netteté d'exposition, et la sûreté de doctrine. Jusqu'ici ces opuscules, qui n'avaient pas été traduits en français, étaient restés à peu près inconnus dans notre pays. Seuls, les prêtres qui étaient allés demander aux universités romaines le complément et la consécration de leurs études, connaissaient le T. R. P. Lepidi, des Frères-Prêcheurs, et avaient eu le bonheur de recevoir ses enseignements, soit à l'Académie de la Minerve, dont il fut le Régent pendant de longues années, soit à l'Académie d'Arcadie, dont il est l'un des orateurs les plus goûtés. D'ailleurs Notre Saint Père le Pape Léon XIII sut reconnaître la valeur de l'éminent philosophe et du docte théologien en l'appelant dans ses conseils. Depuis longtemps déjà, le T. R. P. Lepidi, gardien vigilant des saines doctrines, exerce au Vatican la charge importante de Maître des Sacrés Palais Apostoliques et met au service des causes les plus ardues et parfois les plus délicates sa science profonde et son impeccable jugement.

Le traducteur a rendu aussi fidèlement que possible la pensée du Maître, et nous sommes sûrs que nul ne pourra lui appliquer le célèbre dicton *Traduttore, traditore* (1). Docteur en théologie, il pouvait mieux que tout autre faire connaître au public français son ami et son Maître le T. R. P. Lepidi. Un séjour prolongé dans la Ville Éternelle lui a permis d'étudier et de connaître à fond cette

---

(1) Traducteur, traître.

belle langue italienne, si riche, si féconde, la langue du Dante et de Léopardi.

Les matières qui sont traitées dans ce volume sont certainement des plus abstraites ; mais nous sommes sûrs que le clergé de France, formé, dans les grands séminaires, au culte de la philosophie scolastique, saura s'intéresser aux problèmes ardus que soulève l'auteur dans ses savants opuscules. Quand on aura surmonté les difficultés premières — inséparables de toute étude sérieuse — on trouvera, dans ces considérations sur l'Absolu et sur la Raison Pure, les satisfactions les plus profondes et les plus nobles de l'intelligence et du cœur.

L'Éditeur.

L'ACTIVITÉ VOLONTAIRE DE L'HOMME

ET

LA CAUSALITÉ DIVINE

L'ACTIVITÉ VOLONTAIRE DE L'HOMME

ET

LA CAUSALITÉ DIVINE

> Utrum voluntas hominis moveatur ab aliquo exteriori.
> (S. Th. I. II. q. IX, a. 4.)

L'activité volontaire de l'homme se présente en général sous trois aspects :

1º Celui d'une multitude d'opérations diverses, capricieuses, désordonnées, sans direction, sans but déterminé, comme serait un pays livré à l'anarchie.

2º Celui d'une force centrale, égoïste, qui ramène tout à soi : s'il arrive que cette force répande son activité au dehors, c'est pour marquer de son empreinte tous ses vouloirs; si au contraire elle se replie sur elle-même, c'est pour s'enfermer dans un orgueilleux isolement, et dans la possession jalouse de son être et de ses jouissances.

3° Celui enfin d'une force autonome, absolument indépendante, d'une cause première qui se développe d'abord inconsciemment sur une longue série de mouvements et d'actions, pour retourner ensuite dans la pleine conscience de son être incréé et infini.

Il ne faudrait pas croire que ces trois aspects mensongers se renferment dans la sphère d'une spéculation inactive. L'activité qui se meut au hasard, sans principes et sans suite, poussée par l'instinct et inspirée seulement par la nécessité du moment, dérive du premier aspect.

Du second aspect découle certainement l'égoïsme qui ne reconnaît d'autre règle de son action que son propre intérêt.

Enfin cette activité sacrifiée, dans laquelle l'individu n'est rien et où l'idée est tout, cette activité qui en politique s'appelle l'intérêt général, et en philosophie *nature, être, idéal,* découle du troisième aspect. — C'est lui qui produit le mysticisme politique de nos jours, et qui fit éclore le mysticisme religieux d'autrefois.

« Les hommes à l'œil pénétrant, enseigne le Brahmanisme (1), à l'esprit plein de sagacité, en dominant leurs propres sens, arrivent à les annihiler; ils détruisent les inclinations individuel-

(1) Oupnek' hat 37 Braham n° 151.

les en les soumettant à l'empire de l'intelligence ; ils éteignent leur propre intelligence en l'assujettissant à leur âme, et ils perdent leur âme propre dans l'immense collectivité des âmes tandis que cette collectivité elle-même va s'abimer dans l'Âme universelle, dans l'Être. » — C'est ainsi, d'ailleurs, que parlait le Maître Eckhart au quatorzième siècle (1). « Je prie Dieu, disait-il, qu'il me laisse seul ; parce que l'être sans l'essence, la pensée sans la chose pensée, le vouloir sans la chose voulue, tout cela est au-dessus de Dieu et de toute forme créée. » — La même doctrine constituait la substance du quiétisme au dix-septième siècle (2) ; et cette doctrine, transportée dans la politique, a créé le Dieu-État, le Césarisme. — La vérité, c'est que l'activité volontaire de l'homme a par sa nature un terme et une direction : son développement a comme règle suprême la fin dernière qui est Dieu, c'est-à-dire un Être qui lui est extérieur. — Cette activité est une forme essentiellement limitée, potentielle, soumise à des besoins multiples, complètement subordonnée à l'influence non seulement objective, mais encore efficiente de Dieu. Toute cette doctrine

---

(1) Voir P. HEINRICH DENIFLE, O. P. — *Meinster Eckharts lateneische Schriften*, pp. 82. 83. 95. 88. 95. 123. 246. 347.
(2) Voyez la *Constitution Cœlestis Pastor* d'Innocent XI, contre Michel Molines, prop. 5.

se résume dans la proposition suivante : Le mouvement volontaire de l'homme dépend objectivement et subjectivement de l'influence divine ; c'est ce que prétend établir la présente étude en démontrant jusqu'à l'évidence : — 1° Que l'activité volontaire de l'homme ne peut développer sa perfectibilité sans se mettre en rapport objectif avec un objet extrinsèque, et surtout avec Dieu. — 2° Que, dans tous ses commencements, dans tous ses mouvements et dans toutes ses opérations, cette activité volontaire se trouve sous l'influence physique, immédiate, efficiente de Dieu. — 3° Que, à propos de l'éternelle question de la conciliation entre la volonté libre de l'homme et l'influence physique de Dieu, cette conciliation ne peut se trouver que dans l'efficacité toute-puissante de la volonté infinie.

Le sujet est des plus profonds et des plus difficiles : il réclame une attention scrupuleuse, un examen très appliqué, un amour profond de la vérité.

I

C'est un fait connu de tous que lorsque l'activité volontaire de l'homme connaît et aime elle se porte tout d'abord vers des objets perçus par les sens extérieurs. Nombreux sont les liens par lesquels elle s'unit à ces objets. Cette activité est une puissance de l'âme rationnelle, et l'âme rationnelle pense, sent et vit dans le corps.

Or c'est à la volonté qu'il appartient de s'intéresser et de pourvoir aux divers besoins du corps, des sens et de l'intelligence. Et c'est pour cela qu'elle s'attache si vivement aux choses que lui offrent les sens extérieurs. — Elle aime ces choses pour elles-mêmes, celles surtout qui sont absolument nécessaires à la vie végétative; elle les aime aussi comme les termes de la vie des sens; enfin elle les aime comme des symboles qui, étudiés et interprétés par l'intelligence, lui révèlent l'ordre merveilleux des choses suprasensibles et leur immortel principe.

Cela suffirait pour établir que les opérations de l'activité volontaire chez l'homme ne sont autre chose que des rapports terminés par des objets extérieurs et que par conséquent cette activité se trouve sous l'influence objective d'un être qui est en dehors de soi. — Cette raison est de saint Thomas lui-même; il l'a exprimée en quelques paroles d'une clarté saisissante : « Voluntas movetur ab objecto (quantum ad determinationem actus, prout hoc vult vel illud) : sed objectum voluntatis potest esse aliqua exterior res sensui proposita; ergo voluntas potest ab aliquo exteriori moveri. »

Mais pénétrons plus avant. Il faut maintenant établir la nécessité dans laquelle se trouve l'activité volontaire de se mettre en rapport avec un être qui lui soit extérieur pour qu'elle puisse développer sa perfectibilité ; — expliquer quel est surtout cet être ; — définir le mode dont il informe et actualise la perfectibilité humaine; — distinguer enfin les différents rapports qui relient ensemble cette activité et cet être. — Ces notions primordiales ne pourront que fournir à la science de la vie une lumière plus brillante et une base plus solide.

1º En premier lieu il est nécessaire d'observer que l'activité volontaire chez l'homme n'est pas un néant ; elle n'est pas non plus l'absolue perfection de l'être; et dans l'ordre actuel des choses, elle n'a certainement pas toute la perfection dont elle est susceptible. — Cette activité est une faculté perfectible. Nous la sentons au dedans de nous-mêmes comme une tendance, comme une propension intellectuelle, comme un poids indéfini qui attire l'âme vers son objet, comme un désir et un effort, une espérance et une attente.

Étant admis que cette activité est perfectible, qu'elle est un effort de l'intelligence, il est de toute nécessité qu'il y ait quelque chose qui lui réponde, qui la détermine et qui la perfectionne. La nature, qui ne fait rien en vain, n'établit jamais un relatif réel sans poser en même temps un corrélatif non moins réel.

Or ce corrélatif répondant à la perfectibilité de l'activité volontaire, c'est l'être : c'est l'être fini et l'Être infini ; mais d'une façon adéquate et parfaite, c'est l'Être infini.

C'est l'être parce que en dehors de l'être il n'y a que le néant, et que le néant est incapable d'actualiser et de déterminer une puissance : le perfectif est nécessairement l'être.

J'ai dit que ce corrélatif est *l'être fini et l'Être infini;* parce que l'activité volontaire de l'homme embrasse tous les êtres, en y puisant le bien qui la satisfait, la vérité qui l'illumine.

2° Seul l'être infini est le corrélatif excellent et parfait de l'activité volontaire, parce que l'activité volontaire saisit l'infini.

L'infini seul peut être connu comme la perfection absolue, souverainement grand parmi tous les êtres, et raison première de tout ce qui existe. — Donc lui seul, Être absolu et suprême, peut être aimé souverainement et absolument.

Et en effet tout être fini, par là même qu'il est fini, est limité dans son essence et imparfait dans ses attributs, et comme tel il peut fort bien ne pas être aimé. — Au contraire, l'Être infini seul, comme Être et comme cause, c'est tout l'être, et comme tel il ne peut pas ne pas être aimé ; lui seul est l'objet adéquat et nécessaire, auquel tend par un naturel instinct la volonté humaine.

Lui seul est aimé pour lui-même, tandis que tous les biens finis ne sont aimés que comme des participations et des images de son Être. — L'amour d'un être fini n'implique pas nécessairement l'amour d'un autre ; sinon d'une manière très éloignée, tandis que l'amour du Bien Suprême est impliqué dans l'amour de tout autre bien (qq. dd. DE VER. q. 22ª art. II, ad 2um.)

3º Quel est maintenant le mode dont l'être actualise la puissance de l'activité volontaire ? — Fini ou infini, l'être ne détermine pas la perfectibilité de l'activité volontaire d'une manière intrinsèque et formelle, comme si l'être fini ou infini en s'unissant entitativement à cette activité arrivait à former avec elle un tout vital et complet ; non, ce qui intrinsèquement et formellement actualise et détermine l'activité volontaire c'est la connaissance et l'amour de l'être. — Or, la connaissance et l'amour directs de l'être, ce n'est pas l'être lui-même que l'on connaît et que l'on aime, mais c'est une relation avec l'être considéré comme le terme qui est connu et aimé. — Donc l'être fini ou infini actualise et détermine l'activité volontaire comme le terme objectif de la connaissance et de l'amour : la connaissance de l'activité volontaire se rapporte à l'être par une image qui le représente ; l'amour tend vers l'être et s'unit à lui dans la naturelle conformité de deux natures qui se recherchent.

4° Quant aux modes divers dont l'activité volontaire se rapporte à Dieu, on peut en compter sept : l'activité volontaire se rapporte à Dieu comme à l'objet qui la *constitue*, — *la meut*, — *la termine*, — *la domine*, — *la soutient*, — *la dirige*, — *la commande*. Disons un mot de chacun de ces modes.

La constitue : Chaque tendance est constituée par le rapport intrinsèque qu'elle a avec l'objet dans lequel elle se fixe principalement ; parce qu'elle est surtout par sa nature destinée à le saisir. — Or l'activité volontaire est une tendance de connaissance et d'amour vers le bien universel et parfait, et c'est à Lui qu'elle s'attache tout d'abord. — Il est donc vrai qu'elle est constituée par une relation intrinsèque avec le Bien.

La meut : Il n'y a pas de volonté qui n'ait pour

objet le Bien, ou une participation quelconque du Bien, ou un moyen pour y parvenir. Or qu'il s'agisse de cette participation ou de ce moyen, c'est toujours le Bien qui est principalement visé. Donc chacun des mouvements de l'activité volontaire ne s'accomplit que sous l'inspiration du Bien : c'est le Bien seul qui peut efficacement la mouvoir.

La termine : S'il est vrai que chacun des mouvements de l'activité volontaire soit inspiré dans son principe par le Bien, il faut en conclure qu'il est également terminé par le Bien. Telle est l'économie essentielle de l'activité dont nous parlons ici que l'objet qui commence son évolution est aussi celui qui la termine. C'est pourquoi l'objet qui met l'activité en branle, c'est le bien que l'on n'a pas et que l'on poursuit d'une recherche volontaire; l'objet qui termine cette évolution c'est ce même bien obtenu et conquis.

Si parfois le bien n'était pas complètement obtenu et ne terminait pas l'évolution de l'activité par sa possession consolante, il la terminerait encore comme sa fin nécessaire. Mais s'il est possible à la volonté de viser au-delà d'un bien particulier, il est absolument impossible à toute volonté de dépasser dans ses aspirations le Bien universel. Donc tout mouvement de la volonté se termine dans le Bien universel.

La domine : Tout mouvement de l'activité

volontaire se termine finalement dans le Bien, en s'unissant au Bien comme la partie s'unit au tout, et en soumettant avec amour son être, ses mouvements, et ses développements sous l'empire du Bien. — Il est dans la nature de cette activité d'être dominée par le Bien. Et à vrai dire, c'est le droit imprescriptible du Bien de la dominer, et c'est le devoir inaliénable de l'activité volontaire de se laisser dominer. — De fait, quand l'intelligence fait appel à ses lumières, elle ne peut s'empêcher de reconnaître que tous les êtres qui entitativement sont en dehors du Bien n'en sont pas moins sous l'influence causale du Bien : notre être, nos actes, les modes variés sous lesquels ils se présentent ; en un mot, toute chose finie dérive de la causalité divine comme du principe qui la contient. — Ontologiquement Dieu est le maître de tout ; tout est sous sa domination. — Or ce rapport ontologique qui existe entre l'Être et les êtres doit exister également entre l'Être et toutes les activités volontaires créées, c'est-à-dire que, dans l'évolution de son amour, l'activité volontaire doit se régler sur les rapports qui relient entre eux l'Être et les êtres. — C'est pourquoi la connaissance de la vérité n'est que l'expression intellectuelle de l'être ; tandis que l'amour de la bonté n'en est que l'approbation affective.

La soutient : L'activité volontaire, quant à son

mouvement, a besoin d'un soutien ; et ce soutien ne peut être différent de l'objet qui est par lui-même le motif de son évolution et qui est pour tous les autres objets intermédiaires la raison première de leur attrait et qui a lui-même une immobilité absolue dans une indestructible amabilité. Or, il ne peut exister de véritable soutien objectif de l'activité volontaire en dehors du Bien : il meut par lui-même parce qu'il est le principe ; il est la raison par laquelle les autres objets peuvent mouvoir et attirer, parce que tous les autres objets ne sont que des participations, de pâles ressemblances de sa nature, ou des moyens pour l'atteindre ; il a une immobilité absolue et complète, parce que le Bien seul est immuable et au-dessus de toutes les vicissitudes : le juste qui s'appuie sur Lui ne sera jamais ébranlé.

La règle : L'activité volontaire est un mouvement qui part d'un principe et se dirige vers un terme qui est le Bien. C'est donc un mouvement dont la règle est le Bien. Et parce que la loi suprême, qui préside à tout mouvement, est son terme, il est vrai de dire que ce mouvement est juste et droit, s'il tend réellement vers son terme et s'y attache ; tandis qu'il sera imparfait et déréglé, s'il s'éloigne de son terme et s'en détache.

La commande : Le Bien ne règle pas seulement la volonté libre, mais il la commande. Il lui montre le but à atteindre ; et il lui fait un devoir absolu d'y tendre de toutes ses forces : *Fac bonum*. — Ces clartés qui illuminent l'âme humaine, et qui lui montrent ce qu'il faut faire et ce qu'il faut éviter dans la poursuite du Bien, sont autant de voix éloquemment impérieuses du Bien qui ordonne. La conscience n'est que son fidèle ministre : elle applaudit et encourage ceux qui se soumettent à ces prescriptions sacrées ; elle accuse et blâme vigoureusement ceux qui s'insurgent contre elles.

Ces premières notions, bien comprises, éclairent suffisamment l'idée-mère de la première partie de cette étude, c'est-à-dire la dépendance objective de l'activité volontaire vis-à-vis des objets extrinsèques, et principalement de l'objet souverain qui est Dieu. Elles nous montrent par conséquent comment cette activité ne peut développer sa perfectibilité, sans se mettre dans un rapport de connaissance et d'amour, avec des objets extrinsèques, et surtout avec Dieu.

Pour plus de clarté, nous pouvons reprendre et résumer ainsi notre pensée. L'activité volontaire ne saurait développer sa perfectibilité, sans être actualisée et déterminée par la connaissance et par l'amour des êtres, et spécialement de Celui qui est l'Être infini. Mais la connaissance et l'amour des êtres, surtout de Dieu, ce n'est pas autre chose qu'une relation avec un être qui se trouve en dehors de l'activité volontaire. Donc l'activité volontaire ne peut déployer sa perfectibilité que sous l'absolue dépendance des objets extrinsèques, et particulièrement de l'Être.

Et maintenant nous dirons pour conclure qu'il est vrai, qu'il est absolument certain, qu'il existe au-dedans de nous une force intellectuelle, irrésistiblement inclinée vers le Bien : *Omnes certe beati esse volumus.* Cette force gît au milieu de notre être, comme un noble et généreux instinct, comme la plus éminente de nos attributions : elle est l'âme de notre âme. Elle n'est pas parfaite, mais elle est essentiellement perfectible. Sa perfectibilité ne se déploie que par la connaissance et par l'amour d'objets qui sont en dehors d'elle, et par-dessus tout de l'être absolu et parfait. Connaître, aimer, et servir Dieu, en se plaçant sous sa dépendance, voilà la note dominante de l'activité volontaire chez l'homme, et sa loi suprême. Nul ne saurait la violer impunément.

Cependant cette doctrine, d'une si évidente clarté, a soulevé bien des objections. Qu'il me soit permis de les reproduire et de les réfuter brièvement.

Première objection. — Le naturalisme nous dit : A bien considérer la volonté humaine, on ne découvre en elle qu'une série de vouloirs ; et entre ces vouloirs, il est impossible de trouver d'autre rapport que celui d'une simple succession. Prétendre que ces vouloirs dépendent objectivement d'un être, qui existerait en dehors de l'activité volontaire, c'est dépasser les limites de l'expérience et de la science proprement dite.

Réponse. — Cette objection part de ce principe que la science ne doit s'occuper que des faits, tels qu'ils s'offrent à nos yeux, et se renfermer strictement dans les limites du phénomène et de l'expérience.

Cette doctrine, qui limite notre connaissance à la seule expérience, est fausse. Mais fût-elle vraie il n'en reste pas moins acquis que le vouloir, comme fait et opération de l'âme, n'est qu'une tendance qui, intrinsèquement et par sa nature, se rapporte à quelque chose hors de soi. C'est pourquoi il n'est pas possible de sentir le vouloir dans son exercice, sans sentir en même temps l'objet auquel il se rapporte.

Et c'est précisément en cela que consiste le vouloir, c'est-à-dire dans ce fait intérieur qui est le nexus intellectuel de penchant entre le vouloir et la chose voulue, qui est en dehors de celui qui veut.

Deuxième objection. — De même Kant et ses disciples se refusent à admettre la doctrine qui enseigne que l'activité volontaire dépend de quelque chose en dehors de soi, et cela au nom de la personnalité humaine. Ils pensent que la personne humaine est constituée par sa volonté libre, dans une complète indépendance de toute détermination extrinsèque, et qu'elle est la raison absolue et première de tous ses vouloirs.

Réponse. — Sans vouloir entrer actuellement dans la discussion de cette doctrine sur la personnalité humaine, à savoir si elle est réellement constituée par la volonté libre, qu'il me suffise de dire qu'il est faux que la volonté libre de l'homme soit indépendante de toute détermination extrinsèque, de tout rapport et de toute dépendance vis-à-vis de quelque chose en dehors de soi. L'être universel et parfait est extrinsèque à la volonté libre de l'homme ; et cependant la liberté ne saurait se soustraire à son influence objective : elle peut vouloir ceci ou cela dans la sphère de l'être ; mais du moment qu'elle veut, elle ne peut pas ne pas vouloir l'Être, dont tout autre être n'est qu'une participation. — De plus, le bon ou le mauvais usage de la liberté dépend d'une règle ; et celle-ci n'est pas intrinsèque. Si cette règle était intrinsèque, aucun acte de la liberté humaine ne pourrait être mauvais. — Enfin la liberté de l'homme se transforme objectivement : donc elle dépend de l'objet, puisque toute puissance dépend essentiellement de l'objet vis-à-vis duquel elle est en puissance.

Troisième objection. — On dira sans doute que cette dépendance n'est pas nécessaire, mais libre ; et ainsi l'absolue indépendance de la liberté humaine n'est pas atteinte. La preuve certaine de cette indépendance, c'est que chacun sent en soi la possibilité d'un isolement sublime, où, se séparant de tout ce qui est en dehors de soi, on demeure seul avec soi-même, maître absolu de ses puissances.

Réponse. — Tout d'abord il y a, entre la puissance et un bien quelconque, un rapport potentiel, presque rudimentaire ; et ce rapport est intrinsèque : il appartient à l'essence même de la puissance libre. Il n'est autre chose que cette naturelle inclination actuelle au Bien et à toutes les participations du Bien. Quand il s'agit des biens particuliers, l'exercice efficace et actualisé de ce rapport n'est pas essentiel et intrinsèque, parce que la liberté peut attacher son choix à l'un ou à l'autre de ces biens, de même qu'elle peut se détacher de tous et de chacun. Quand il s'agit du Bien universel et parfait, la liberté peut s'y soustraire en ce sens qu'elle peut ne pas le poursuivre directement et explicitement ; mais il lui est impossible de s'y soustraire complètement, au point de ne pas l'aimer ne serait-ce qu'implicitement ; parce que si elle veut quelque chose en dehors de Dieu, elle veut par là même implicitement Dieu, sans lequel ce qu'elle veut ne saurait exister.

Et puis, peut-on appeler un *isolement sublime* celui qui consiste à soustraire la liberté à tout ce qui est en dehors de soi, pour la laisser seule, riche d'elle seule et maîtresse d'elle seule ? Si cet isolement a pour but de soustraire la liberté au voisinage de choses susceptibles de troubler la paix de l'esprit, de le pousser au mal, ou de le détourner de plus nobles objets, certes, c'est un isolement sublime que celui-là. Car alors l'activité libre, maîtresse absolue d'elle-même, et riche de ses seules puissances, inaccessible aux vicissitudes extrinsèques, jouit complètement de soi, et, dans son triomphe sur les obstacles qui s'opposent à cet isolement, déploie sa force morale et sa vertu. Mais se séparer absolument de tout ce qui est en dehors de soi, rompre toute relation du libre penchant envers Dieu et son prochain, ce n'est plus un isolement sublime, c'est une indigence révoltée.

Quatrième objection. — On objectera peut-être : Que peuvent avoir à faire les objets extrinsèques avec les actes de l'activité volontaire, qui, eux, sont intimes et immanents, éminemment personnels ?

Réponse. — Il est vrai que le terme formel de l'activité volontaire doit être intime et immanent ; mais ce terme est une inclination affective, un rapport de penchant vers les objets extrinsèques.

Cinquième objection. — On pourrait ajouter que cela n'est pas vrai ; car enfin l'activité libre ne veut que son vouloir : elle n'aime pas une chose parce qu'elle est bonne, dit Spinoza, mais la chose est bonne, parce qu'elle est aimée.

Réponse. — Si vraiment l'activité libre ne veut que son vouloir, alors *actus voluntatis reflectuntur supra seipsos* (1ª IIª q. 16. a. 4, ad 3ᵘᵐ). Mais le vouloir qui veut est un rapport avec un objet extrinsèque ; et afin que le vouloir s'y porte il est nécessaire que cet objet soit capable en soi de plaire au vouloir.

Sixième objection. — Les égoïstes diront : Toute puissance doit se juger selon son objet principal. Or l'activité volontaire dans son principe, quand elle veut, ne regarde que soi, et le premier de tous les amours est l'amour de soi : *Amicabilia quæ sunt ad alterum ex amicabilibus, quæ sunt ad se.*

Or, comme cette première raison d'aimer se retrouve dans tous les amours postérieurs, et qu'elle est le but suprême que l'on poursuit, il en résulte que l'amour de soi anime et inspire tous les amours suivants, et qu'il est en réalité la fin dernière que l'on recherche en tout vouloir. Donc il n'est pas vrai que l'activité volontaire dépende d'un objet extrinsèque ; la grande préoccupation de chacun est son propre intérêt.

Réponse. — Naturellement et premièrement l'homme s'aime et lui-même, car il n'a rien de plus près de lui, que lui-même. Il aime ensuite les objets extérieurs, et la source première d'où découle cet amour, c'est l'amour de soi ; parce que la raison pour laquelle on aime les objets extérieurs n'est autre qu'une certaine unité ou proportion qu'ont les choses aimées avec l'être qui les aime, proportion de cause formelle, de cause efficiente, de cause finale, ou même de simple ressemblance. Ceci, nous l'admettons volontiers.

Mais si l'homme s'aime premièrement lui-même, et si cet amour est la source de tout autre amour, il en résulte que, en s'aimant lui-même, et en aimant l'être, et en trouvant dans l'être la suprême, la dernière, l'universelle raison de toute amabilité, l'homme ne s'aime pas lui-même d'une façon suprême et dernière, mais il aime l'être.

Septième objection. — Le faux mysticisme spéculatif, de quelque nature et de quelqu'ordre qu'il soit, physique, politique ou moral, argumente ainsi :

Dans le développement de l'activité volontaire, on retrouve le progrès propre à l'homme. Le terme suprême de ce progrès se trouve précisément dans le sacrifice total de soi-même au bien, non au bien qui m'est *particulier*, mais au bien. Or le bien, qu'il soit l'universelle nature, qu'il soit l'intérêt général de l'humanité, qu'il soit l'être compris dans sa plus grande universalité, le bien est commun à tous les êtres particuliers; on ne saurait le distinguer de ces êtres, car il ne forme avec eux qu'une seule et même chose. Donc le développement de l'activité volontaire ne réclame pas objectivement un objet extrinsèque; ce développement n'est qu'un retour produit par la force d'abnégation à ce bien suprême qui est au fond de tous, et qui est identique à tous.

Réponse. — Toute cette argumentation repose sur la doctrine d'un seul être commun et identique à tous les êtres particuliers distincts entre eux : doctrine fausse, évidemment contraire à l'évidence de la raison. L'unité qui, en soi, est indivise et indivisible, ne peut être en aucune manière identique au multiple qui, en soi, est distinct. — Donc le sacrifice total de l'activité volontaire au bien n'implique pas son absorption dans le bien, son identification avec le bien, mais seulement un rapport parfait et consommé d'amour, c'est-à-dire un rapport tel que la créature intellectuelle ne puisse rien aimer qui s'oppose à ce rapport, ou en retarde la réalisation. — Tel est le sacrifice chrétien; il n'est pas fantastique, illusoire, décourageant, comme le sacrifice rêvé par les anciens et les modernes naturalistes, politiciens, panthéistes, sacrifice dans lequel la personne s'anéantit dans un tout impersonnel. Le sacrifice chrétien conserve entière la personnalité de la créature intellectuelle, en même temps que la personnalité, ou pour mieux dire, l'unité indivise du bien. S'il exige que la créature se consacre tout entière au créateur, il ne veut pas que cela se fasse par le complet anéantissement de la créature, mais seulement par la souveraine puissance de l'amour qui unit ou qui sépare. Il veut que l'être libre rompe avec tout ce qui est petit et mesquin, avec ce qui est souillure et faute, avec l'amour désordonné de soi, pour s'attacher et pour se consacrer amoureusement au Vrai, au Beau, au Saint. Voilà la noble mission, la grande destinée du juste, *vitam impendere vero, ut filius veri sit, similis vero.*

Huitième objection. — Il y a contre notre thèse un dernier argument, le voici : Si l'objet extrinsèque meut l'activité volontaire, voici l'activité volontaire esclave de cet objet; donc la volonté n'est plus libre; c'est le déterminisme qui a le dernier mot.

Réponse. — Il faut distinguer motion et motion. Il ne s'agit ici que de la motion, quant à la spécification de l'acte, et l'on demande si l'activité volontaire doit se rapporter à un objet extrinsèque. Or, la vraie doctrine est celle que nous avons exposée, et qui fait l'activité volontaire se rapporter nécessairement au bien universel parce qu'elle ne peut rien vouloir que sous la raison du bien. — Quant aux biens particuliers, la volonté peut avoir pour eux une certaine velléité naturelle, parce que toutes les choses finies ne sont que des parcelles, ou des facettes du bien universel, et en aimant le bien universel, elle aime les biens particuliers; non pas cependant qu'elle ne puisse se porter efficacement vers tel ou tel bien; car tout bien particulier par rapport à la volonté créée est par soi-même défectif, et ne saurait combler sa capacité native faite pour l'infini. De sorte que le bien particulier peut incliner la volonté, mais par lui-même il ne saurait la nécessiter ou la mouvoir efficacement par soi : c'est la liberté de l'homme, qui, de son plein gré, permet au bien particulier de la mettre en mouvement. « *Movens tunc ex necessitate causat motum in mobili, quando potestas moventis excedit mobile ita, quod tota ejus possibilitas moventi subdatur. Cum autem possibilitas voluntatis sit respectu boni universalis et perfecti, non subjicitur ejus possibilitas alicui particulari bono, et ideo non ex necessitate movetur ab illo* (1ª p., q. 82, a. 2, ad 2um.)

II

Il faut maintenant démontrer que l'activité volontaire de l'homme se trouve vraiment sous l'influence efficiente de Dieu, et ne saurait se mouvoir dans son exercice, si elle n'était pas physiquement et immédiatement mise en action par un agent extrinsèque, qui est Dieu. Voici en substance la preuve qu'en donne saint Thomas : L'activité volontaire est une force en puissance, puisqu'il y a dans la volonté de l'homme un moment où elle ne veut pas, et un moment où, sans aucun vouloir précédent, elle commence à vouloir. Il faut donc un moteur en acte, parce que tout agent qui passe de la puissance à l'acte est nécessairement mû par un moteur en acte : « *Omne quod, quandoque est agens in actu, et quandoque in potentia, indiget moveri ab aliquo movente.* »

Ce moteur, dans le cas qui nous occupe, ne peut être l'activité volontaire qui se mettrait d'elle-même en mouvement ; parce que, le fait de se mouvoir soi-même importe deux vouloirs, l'un qui veut la fin, l'autre qui veut les moyens d'arriver à cette fin; l'un est l'être mû, l'autre est l'être moteur : « ipsa movet seipsam, in quantum per hoc quod vult finem, reducit seipsam ad volendum ea quæ sunt ad finem. » Mais dans le cas dont il s'agit, c'est-à-dire quand l'activité volontaire commence premièrement à vouloir, il n'y a qu'un seul vouloir. Il est donc nécessaire de recourir à un agent extérieur. « Unde necesse est ponere, quod in primum motum voluntatis, voluntas prodeat ex instinctu alicujus exterioris moventis. » Et cet agent extérieur ne peut être que Dieu; parce que Dieu seul est au-dessus de la volonté créée, qui est elle-même, en tant qu'être mobile, au-dessus de tout moteur créé.

Il convient d'élargir ici les termes de cette doctrine, de l'asseoir sur des bases solides, et d'établir l'intensité et l'extension de l'influence causale de Dieu sur l'exercice actualisé du mouvement volontaire.

Il y a, dans tout commencement de l'activité volontaire, une sorte d'énergie, qui est comme un sens informe et confus, une inclination première, actuelle et naturelle vers le Bien ; elle constitue la nature de l'activité volontaire ; elle est à la base de tous les vouloirs, qu'elle inspire d'une façon latente. Que ce commencement soit sous l'influence causale de Dieu, nul n'en saurait douter : c'est une impulsion, une inspiration, une direction première, résultant naturellement de l'âme, et par conséquent de Dieu, créateur de l'âme.

A vrai dire, ce n'est pas ici le lieu de parler de ce mouvement initial. Il s'agit actuellement de l'influence causale de Dieu sur l'exercice actualisé de l'activité volontaire, à laquelle se rattachent seulement les commencements réels et les innovations qui se produisent dans l'activité volontaire déjà constituée. C'est donc de ces innovations réelles que nous devons nous occuper, afin de savoir s'ils dépendent véritablement de l'influence physique et immédiate de Dieu.

Chacun de nous sent en soi une succession de vouloirs multiples ; ce sont des productions réelles, nouvelles, vitales, qui réellement et diversement modifient notre âme et la font évoluer à travers le temps.

Parmi ces vouloirs, il y en a trois qu'il faut très nettement considérer comme *premiers*. En tête, nous placerons le vouloir, qui, parmi tous les autres vouloirs pris en masse ou séparément, en tout individu, est absolument le premier. Il faut bien admettre que la série des vouloirs est limitée, et qu'on ne peut la remonter indéfiniment. Il y a donc, en tout être qui veut, un vouloir absolument premier; c'est celui par lequel l'activité volontaire se met à vouloir pour la première fois.

De plus, il y a un autre vouloir, qui est, lui aussi premier, dans un certain ordre donné de vouloirs. C'est un vouloir inattendu, subit, indélibéré, qui naît, comme dit Aristote (Moral. Eud. liv. VII. ch. 14), *se subducente ratione.* Aucune raison ne l'a précédé, rien ne l'a signalé ni dans les forces supérieures, ni dans les forces inférieures de l'âme. Il arrive sans avoir été appelé par l'esprit, poussé comme par un choc irrésistible, par une puissance supérieure; on pourrait l'appeler *un vouloir de hasard.*

Enfin, il faut aussi regarder comme vouloirs premiers les libres élections de l'activité volontaire, qui, voulant la fin, choisit les moyens d'y parvenir. Ces libres élections sont dans leur ordre des vouloirs premiers, parce qu'elles ne sont pas des productions qui découlent nécessairement d'un vouloir précédent, et qu'elles ne dépendent d'aucune cause naturelle et nécessaire. Dans l'ordre des causes secondes, elles ne dépendent que d'une impulsion propre, personnelle et libre.

Ces trois genres de vouloirs premiers ne peuvent être niés par personne; ils sont certainement réels, ils sont vitaux, ils sont produits immédiatement et premièrement par l'activité volontaire.

On peut demander maintenant : Cette activité

volontaire, qui est intelligence et volonté, a-t-elle besoin, pour produire ces vouloirs premiers, d'un complément qui actualise son efficacité, qui l'excite, qui l'applique et la porte à donner naissance à tel ou tel vouloir premier, à telle libre élection plutôt qu'à telle autre?

A ceci, quelques-uns répondent : L'activité volontaire ne réclame aucun complément pour la production de ces vouloirs premiers. Si elle opère nécessairement, elle est, par sa nature, suffisamment apte à les produire; si elle opère librement, elle s'exerce elle-même par l'action qu'elle produit d'elle-même.

Cette réponse, spécialement pour ce qui regarde l'activité libre, nous semble fausse : elle n'est certainement pas conforme à la doctrine de saint Thomas.

Le sujet que nous étudions ici, subtil s'il en fut jamais, est loin de tomber sous les sens; il réclame une argumentation précise, un ensemble de propositions certaines et évidentes, évidemment reliées entre elles; et, par suite, une attention sérieuse et un esprit réfléchi. Que l'on veuille bien nous suivre patiemment.

1. L'activité volontaire est une cause parce que le vouloir de l'homme est un effet, et que c'est elle qui le produit.

2. Il y a dans l'exercice de l'activité volontaire deux passages ; l'un *passif*, par lequel elle passe à l'état d'activité informée et terminée par son propre vouloir, ce qu'elle n'était pas auparavant; l'autre *actif*, par lequel son efficacité, d'improductive qu'elle était, devient productive de son vouloir. — Ces deux passages sont absolument manifestes dans l'activité volontaire libre. Quand la force libre de l'homme est comme suspendue, pour ainsi dire en arrêt devant des vouloirs nombreux, divers, opposés, également possibles à sa virtualité, et qu'elle passe ensuite à la production de l'un de ces multiples et accessibles vouloirs, nous avons le passage actif. — Mais ce vouloir ainsi produit ne s'extériorise pas; il reste dans l'âme pour en informer et en terminer l'activité volontaire; c'est ce que nous appelons le passage passif.

3. Le passage passif est dans l'activité volontaire quelque chose de réel, parce qu'il l'actualise, la termine réellement, et en augmente la perfection.

4. De même, le passage actif est aussi quelque chose de réel, parce qu'il est la raison par laquelle l'acte qui n'était pas produit d'abord est produit maintenant. En effet, si aucun changement réel ne survient dans l'activité volontaire, quand elle s'actualise pour produire un acte, comment peut-elle passer de l'état de non-

productivité à l'état de productivité? — Pourquoi, parmi tous les actes possibles qu'elle est capable de produire, en vient-elle à produire celui-ci plutôt que celui-là? — Il est impossible, absolument impossible, que du sein de l'indifférent, de l'indistinct, de l'indéterminé, du neutre, surgisse l'acte particulier, distinct, déterminé, qui puisse se classer dans un genre et dans une espèce. — Il est impossible que l'activité volontaire n'ait pas, relativement à l'acte qu'elle produit, un rapport réel, une véritable direction et application d'elle-même, rapport et direction qu'elle n'a pas vis-à-vis de ces autres actes laissés dans le sein de leur possibilité. — Qu'on nous dise donc pourquoi, parmi tous ces vouloirs, différents et même opposés, tous également possibles à l'activité volontaire, pourquoi c'est tel vouloir déterminé qui a été produit à l'exclusion des autres? Supposons qu'il n'intervienne avant l'acte aucune application préalable, et que la puissance libre, restant toujours dans son indifférence, produise tel ou tel acte, il faut alors admettre que l'activité libre, établie dans des conditions absolument identiques, peut produire des vouloirs divers et même diamétralement opposés. Mais quand il s'agit d'une activité limitée, changeante, d'une activité qui reçoit en elle-même son acte propre, et qui s'en trouve perfectionnée, d'une activité qui par conséquent est en puissance par rapport à cet acte, une semblable doctrine n'est pas admissible.

5. La raison du passage passif de l'activité volontaire vient tout entière du vouloir produit, informant et terminant l'activité volontaire elle-même. — Quant à la raison du passage actif, elle est vraiment quelque chose de réel, et de réellement distinct de l'acte qui est le vouloir ; puisqu'elle est la raison suffisante qui détermine la puissance à produire son acte. Elle doit précéder l'acte lui-même, tout en se distinguant réellement de lui puisqu'elle donne la raison de la production de l'acte.

Donc, afin que l'activité volontaire puisse donner naissance à tel ou à tel premier vouloir, à telle ou à telle élection libre, il lui faut un complément physique, préalable à l'acte lui-même, qui excite l'efficacité de cette puissance, et la détermine à produire son acte.

6. Cette vérité nous apparaîtra plus évidente encore, si nous avons soin de distinguer deux choses dans l'activité volontaire, comme dans toute autre activité créée : le *pouvoir actif* et l'*usage* ou l'*application de ce pouvoir*. Le pouvoir lui-même fait partie de l'essence de l'activité ; tandis que l'usage ou l'application de ce pouvoir est quelque chose de contingent, d'accessoire, de muable. C'est pourquoi l'usage ou l'application de l'efficacité volontaire est quelque chose

de physique, de préalable à l'acte que cette efficacité produit. C'est un complément de la puissance active, qui lui permet de passer de la potentialité à l'activité productive.

Telle est, sans contredit, la doctrine de saint Thomas. De fait, chaque fois qu'il parle de la cause créée, le saint Docteur a soin de discerner en elle sa vertu opérative, qui lui est donnée et maintenue par Dieu, et la mise en œuvre de cette même vertu. C'est dans la question sixième *de Malo* (art. un. ad 17um) qu'il parle ainsi de la volonté libre : « *Voluntas, quando de novo incipit eligere, transmutatur a sua prima dispositione, quantum ad hoc, quod prius erat eligens in potentia, et postea fit eligens actu.* » C'est comme si le saint Docteur disait : La mise en activité importe toujours dans la puissance une nouveauté, un changement véritable, un passage réel de son état précédent à son état actuel. Si l'activité volontaire, précédemment dans un état d'inertie et de repos, passe ensuite à l'état d'être actif et productif ; si, produisant précédemment tels ou tels vouloirs, elle passe ensuite à de nouvelles productions de nouveaux vouloirs, n'est-il pas évident que cette activité volontaire, alors qu'elle commence à vouloir, ou modifie ses vouloirs *transmutatur a sua priori dispositione ?* Il ne saurait en être autrement, parce que le changement dans la production suppose nécessairement une modification dans la cause : « *Inclinatio actualis*, dit excellemment Cajétan (1ᵃ p. qu. 106. art. 2) *supponit habitualem, et est ab ea : ideoque non potest actualis variari, nisi variata habituali.* »

7. Ceci étant établi, voici comment nous devons raisonner : Tous ces commencements, toutes ces innovations, de l'activité libre, opérations de cette activité, ou applications de cette même activité à la production de telles ou telles opérations, sont des réalités ; elles ne sont pas le néant, elles ont l'être. — Mais cet être est contingent : nous sentons bien en effet qu'il n'était pas d'abord et qu'il est ensuite. — Et quand il est, ce qu'il est, c'est un être *communiqué*.

Donc l'activité volontaire, dans chacun de ses actes, et dans chacune des applications de sa puissance d'opération, dépend de l'influence physique et causale d'un être extrinsèque. Elle dépend de l'être nécessaire, parce que toute contingence dépend essentiellement et immédiatement de l'être nécessaire, de même que l'être communiqué dépend de la Cause première, qui est la cause par essence.

8. De plus, dans l'activité volontaire, en tant qu'elle est principe prochain d'opérations, et qu'elle a la raison de cause, nous distinguons trois caractères bien nets qui démontrent manifestement la même vérité, c'est-à-dire sa dépendance

dans son exercice de l'influence physique et immédiate de Dieu. — Voici ces trois caractères.

a) Cette activité volontaire est *une cause en puissance*, c'est-à-dire qu'elle dépend d'une cause en acte, sans l'influence physique et immédiate de laquelle elle ne saurait augmenter son être, ni appliquer son efficacité, ni la déterminer.

Et de fait, c'est ainsi qu'elle se présente à nous. D'abord, quand elle opère elle se transforme, puisque de l'état d'efficacité en repos, ou, comme on dirait en scolastique, *in actu primo*, elle passe à l'état d'efficacité productive et agissante, *in actu secundo*; de l'état de non-application à la production de tel ou tel vouloir, elle passe à l'état d'application. Or, le passage de la puissance à l'acte est un accroissement de l'être; et aucune activité n'a le pouvoir, indépendamment de toute influence extrinsèque, de s'accroître d'elle-même au point de vue de l'être. « *Oportet, ut id quod est in potentia, educatur in actum, per aliquid quod est in actu.* (1ª IIæ, q. ix, a. 1). » La puissance, à l'état de puissance, vaut moins que quand elle est en acte; or il ne peut se faire que le moins fournisse la raison du plus.

Ensuite, l'activité volontaire ne porte pas essentiellement avec elle l'application de son efficacité; il n'y a pas en elle un seul acte préalable, grâce auquel elle puisse efficacement se constituer en acte. Quand l'activité volontaire est appliquée à produire son premier vouloir, que celui-ci soit absolument premier, ou qu'il ne le soit que dans un certain ordre, il est certain qu'elle ne peut, par elle seule, s'appliquer elle-même à la production de ce vouloir; puisque ce vouloir, par là même qu'il est le premier, exclut de l'activité volontaire tout autre vouloir qui la déterminerait elle-même. Elle a donc besoin d'un moteur qui l'applique à produire l'acte; et ce moteur, c'est Dieu.

Enfin, quand l'activité libre s'applique et se détermine elle-même à produire telle ou telle élection, ceci ne vient pas d'elle seule, mais *avec et sous* l'influence causale de Dieu, qui la détermine à s'appliquer d'elle-même. Comment en effet la puissance libre, active sans doute, mais indifférente et indéterminée, n'étant pas efficacement dirigée par elle-même ni vers la production, ni vers la non-production de tel acte, comment pourrait-elle, sans une motion précédente et déterminée, produire une direction déterminée, une application précise d'elle-même au point de vue de l'exercice de l'acte? « *Voluntas*, dit le Docteur Angélique (qq. dd. 96ª *de Malo*, a. un. ad 17um), *quando de novo incipit eligere, transmutatur a sua priori dispositione, quantum ad hoc quod prius erat eligens in potentia, et postea fit eligens actu; et hæc transmutatio est ab aliquo movente, in quantum ipsa voluntas movet seip-*

sum ad agendum, et in quantum etiam movetur ab aliquo exteriori agente, scilicet Deo. »

b) L'activité volontaire est *une cause instrumentale*, c'est-à-dire une cause qui opère sous l'influence et la motion de la cause principale qui est Dieu. En effet, la cause, quelle qu'elle soit, ne produit rien, si elle ne produit pas l'être. Or, les causes secondes et contingentes sont incapables, par leur propre vertu, de produire l'être. L'être communiqué, qui est extérieur à Dieu, est un être contingent ; et le contingent ne saurait primitivement dépendre par soi d'une vertu contingente ; il dépend essentiellement de l'Être nécessaire, qui est la cause première par essence. Donc tout être fini ne peut avoir comme cause principale que Dieu. La cause seconde, quand elle produit, ne produit que sous l'influence actuelle de la causalité divine ; elle n'est que l'instrument de Dieu. (Cf. C. G. l. III, c. 66.)

c) Enfin l'activité volontaire est une *cause intermédiaire*, c'est-à-dire une cause subordonnée à la cause première, non seulement en raison de sa vertu active, qui est produite, non seulement parce qu'elle ne peut opérer que sous la dépendance de l'influence actuelle de la cause première, mais encore parce que c'est l'influence de Dieu qui l'inspire et la pousse à cette fin suprême, laquelle, dans l'universelle ordonnance des choses, est l'intention finale du Créateur.

Telle est incontestablement la condition de l'ensemble et de chacune des causes finies. Et c'est pourquoi, toutes les productions, tous les mouvements des causes secondes sont comme autant de vibrations qui servent à l'universelle harmonie, à l'ordonnance universelle de l'universelle activité. Par conséquent, leur efficacité doit être dirigée, inspirée, animée, conduite par une seule intention, celle du premier agent. C'est à Lui qu'il appartient primitivement de fixer le but suprême de toutes les opérations créées, et sous sa motion toute-puissante de les diriger vers ce but.

Donc toutes les volontés créées, prises en masse ou individuellement, sont comme autant de causes particulières placées sous l'influence ordonnatrice de la cause première. C'est à peu près ce qui se produit dans les forces de notre âme, quand nous les ordonnons nous-mêmes vers un but déterminé. Il y a dans l'ordonnance individuelle de chacun de nous des forces nombreuses et diverses; — toutes ces forces sont des causes; — et cependant toutes sont mises en mouvement, prédéterminées, dirigées, et comme animées par une seule intention sous l'influence réelle de la force qui les domine toutes et qui s'appelle le vouloir; toutes et chacune tendent à réaliser le même but, celui du vouloir.

Celui qui remonte par l'esprit jusqu'au sommet des choses voit se produire le même phénomène. L'ordonnance universelle n'est autre chose que l'art divin, qui peu à peu met son empreinte sur toutes choses, jusqu'à ce que l'œuvre soit parfaite; et c'est la volonté de Dieu, Artisan Souverain, qui meut et actualise toutes les forces de la nature, parmi lesquelles les plus nobles sont les forces volontaires. Donc les intelligences et les volontés, comme toutes les autres forces créées, ne sont que des organes, des instruments de la main divine. « *Sub Deo*, dit le saint Docteur, en parlant des forces volontaires, *qui est primus intellectus et primus volens, ordinantur omnes intellectus et voluntates, sicut instrumenta, sub principali agente.* » (C. G. lib. III, c. 148.) Et il en conclut que l'œuvre universelle de la nature, toute composée de forces créées, doit plutôt être attribuée à Dieu qu'à la nature : « *Omnia opera secundarum causarum ei (Deo) possunt attribui, sicut artifici attribuitur opus instrumenti ; convenientius enim dicitur, quod faber facit cultellum, quam martellus.* » (Opusc. I; Comp. Theol., ad Frat. Reginaldum, c. 135.)

Mais si l'activité volontaire, en tant que *contingente* dans tous ses mouvements et dans chacun d'eux, en tant qu'elle est une *cause en puissance instrumentale, intermédiaire*, se révèle à nous d'une part comme essentiellement dépendante de la cause qui est *absolue*, qui est *l'acte pur*, qui est *principale*, qui est *première*; d'autre part l'Infini, en tant qu'il est l'Infini, nous conduit à la même conclusion par un autre chemin. Il y a donc ici un merveilleux accord de voix entre la créature et le Créateur.

En effet, la notion objective de l'Infini ne se comprend pas sans une vertu causale infinie, et la notion objective de vertu causale infinie ne se comprend pas non plus sans une vertu causale d'une absolue universalité. Or une vertu causale d'une absolue universalité ce n'est pas autre chose qu'une vertu causale qui atteint et contient en général et en particulier les êtres finis, aussi bien dans leur être que dans leur activité, aussi bien dans tous les modes de leur être que dans tous les modes de leur activité. Elle les atteint et les contient *immédiatement, par soi;* et si la force créée produit l'être, elle ne peut le produire que sous la dépendance de la cause première. Et ceci doit s'entendre non pas seulement dans le sens restreint de Durandus, qui n'attribue à Dieu que la production et la conservation de la force créée, mais dans un sens beaucoup plus large : Dieu unit vraiment la puissance finie à sa puissance infinie, et par cette union il l'élève, et par cette élévation il la rend participante de sa propre puissance productive de l'être ; il l'actualise et l'applique comme instrument à la production de l'être. — Certes, il est très difficile de se faire une idée de cette union sublime de la puissance incréée avec la puissance créée dans les productions de la nature; mais toute intelligence droite comprendra qu'il ne saurait en être autrement. Et en vérité, entre la cause *par essence, première par soi*, et l'être communiqué, il existe un rapport essentiel, un lien indissoluble, immédiat, de cause et d'effet. Partout où se trouve l'être communiqué, là aussi se découvre l'influence causale immédiate de la cause première, selon l'axiome de l'École : *Causa per se prima alicujus causat illud in quocumque invenitur*. — Vraie et solide doctrine ! Sur elle repose l'importante distinction des deux ordres de causes : *l'ordre de la cause première, et l'ordre des causes secondes*. Le premier contient la *cause causante non causée*, le second les *causes causantes causées*.

C'est en parlant de la cause première que saint Thomas écrit : « *Voluntas divina est intelligenda ut extra ordinem entium existens, velut causa quædam profundens totum ens, et omnes ejus differentias* » (I Perihern, lect. 14); et il compare la transcendance de cette cause dans l'ordre des efficiences à la transcendance de l'être absolu, dans l'ordre des attributions formelles (1 P., q. 19, a. 6). — Elle est donc un principe dont toute chose procède; c'est une sphère infiniment étendue, infinie en profondeur, infinie en hauteur, qui embrasse, pénètre et domine tout.

Et ce n'est pas seulement la raison, mais encore l'Écriture qui nous confirme cette même vérité : Rien ne peut échapper à l'influence causale de Dieu : *ex ipso omnia* (AD ROM. 11. 36); — elle remplit de sa vertu causale toute la potentialité du fini : *Numquid non cœlum et terram ego impleo* (JER. 23, 24). — Elle est comme le substrat et le firmament de tout ce qui existe : *in ipso constant omnia* (AD COLOSS., c. I, 17); — Elle est la force qui meut toute chose : *portans omnia* (AD HEBR., c. I, 3). — Elle est la sagesse virile, toute-puissante, immense, qui tout embrasse : *Attingit a fine usque ad finem fortiter, et disponit omnia suaviter* (SAP., c. 8, v. 1).

Or, si telle est l'universalité de la causalité divine, est-il possible à un être doué d'intelligence de ne pas conclure que les mouvements et les actes de l'activité volontaire, les déterminations et les ordonnances de son pouvoir, étant quelque chose dans l'ordre de l'être, doivent nécessairement dépendre de l'efficacité divine, sans laquelle rien ne se fait, rien n'existe? — Donc aucune innovation n'advient dans l'activité volontaire, aucune production, qui ne découle pas de l'influence efficace de Dieu moteur. — Ce n'est pas une influence morale, mais physique : entre les innovations du mouvement volontaire et Dieu, il y a le même rapport qu'entre l'effet et sa cause efficiente ; toute innovation doit en vérité s'appeler un effet de la causalité divine. — Ce n'est pas une influence partielle, qui atteindrait une partie seulement de l'effet, mais une influence universelle, parce que, comme nous l'avons démontré, aucun être, ni aucun mode de l'être ne peut se soustraire à cette divine causalité. — C'est une influence préalable et non pas simultanée ; parce que c'est l'influence de la cause principale sur la cause instrumentale. Je le répète, rien ne se meut, rien ne s'innove dans l'ordre créé, que dans le cercle de l'influence causale de Dieu : « *Dat virtutem, conservat, eam applicat actioni, ejus virtute omnis alia virtus agit* » (qq. v. v. *de Potentiâ*, q. III, art. 7).

A tout ce qui a été dit jusqu'ici, l'opposition ne manque pas, longue, épineuse, et très ennuyeuse. En voulant éclaircir la question, elle l'embrouille ; et vouloir pénétrer dans tous ces labyrinthes, c'est courir le risque de s'égarer, sinon d'y perdre la raison. Aussi nous contenterons-nous de répondre ici à quelques-unes des principales et des plus fortes objections que l'on apporte contre notre doctrine.

Première objection. — Tout être qui veut a l'être propre, a la vertu volitive propre : donc il a une activité propre. Que serait un être sans une vertu opérative propre? Et que serait une vertu opérative qui ne pourrait opérer par soi, indépendamment de nouvelles influences?

Réponse. — Tout être créé dépend de Dieu, quant à sa production première; et ne persiste dans l'être que grâce à l'influence conservatrice de Dieu. Il faut en dire autant de sa vertu opérative et de son activité. Il n'y a rien dans la créature qui soit par soi; tout est relatif, tout dépend de l'être qui est par soi. — Et si l'on me demande ce qui reste alors à la créature, je réponds : il reste l'être, le pouvoir, l'activité, le mode d'être et d'activité, absolument dépendant.

Deuxième objection. — Dites, si vous voulez, que tout vient de Dieu; mais ce n'est pas là qu'est la question. On ne vous demande pas si l'activité volontaire dépend de Dieu; mais si ses mouvements réclament de nouvelles et divines influences. Or ceci n'est pas prouvé; car on peut très bien dire que l'activité volontaire créée, quant à ses déterminations et à ses mouvements, est virtuellement en acte, et quant à ses déterminations et opérations particulières, elle est vis-à-vis d'elles, comme l'acte parfait vis-à-vis de l'acte imparfait.

Réponse. — Si l'activité volontaire était vraiment virtuellement en acte par rapport à ses déterminations et à ses mouvements particuliers, en agissant, elle n'augmenterait pas son efficacité, elle ne recevrait pas en soi l'acte produit, de la même manière que le perfectible reçoit ce qui le parfait. — Dieu, dont la volonté est virtuellement en acte par rapport à tous ses vouloirs, ne change pas, ne reçoit rien à l'instant où il veut; il crée, il innove, il meut, il développe les choses qui lui sont extrinsèques, restant en soi invariablement le même. Mais il n'en est pas ainsi de l'activité volontaire de l'homme.

Troisième objection. — Mais alors l'activité volontaire de l'homme n'est pas une activité, c'est une passivité, une mobilité, une sorte de matière première spirituelle.

Réponse. — Dieu a fait de l'activité volontaire un pouvoir actif; c'est là sa nature. Elle n'est donc pas simplement une passivité, une mobilité. — Toutefois, c'est un pouvoir qui ne porte pas essentiellement en soi l'application de soi-même : il est donc nécessaire qu'il soit mis en mouvement et appliqué par Dieu. — Il ne reste même pas passif par rapport à cette application; puisque cette application qui lui vient de Dieu est telle qu'elle le crée comme un pouvoir libre s'appliquant et se déterminant soi-même. Bref, c'est une activité, dépendante, créée, parce qu'elle est essentiellement cause *seconde : cause causante causée.*

Quatrième objection. — Est-il vrai que l'activité volontaire, surtout si on la considère comme force libre, réclame cette détermination, cette application préalable pour l'exercice de son pouvoir? L'indifférence et l'indétermination active n'appartiennent-elles pas à l'essence même de la liberté?

Réponse. — Oui, certes, l'indifférence et l'indétermination active font partie de l'essence même de la libre activité; c'est-à-dire la libre activité est une puissance qui peut par soi, et comme cause seconde, produire mille vouloirs, divers et opposés. Mais quand elle produit un vouloir déterminé, ce vouloir produit forme avec elle une sorte de composition, une détermination; l'indifférence active développe par rapport à ce vouloir son efficacité, efficacité qu'elle ne développe pas par rapport aux autres vouloirs possibles. Son efficacité d'une façon déterminante est unie à ce vouloir, en ce sens qu'elle produit ce vouloir déterminé et non pas un autre.

Cinquième objection. — Quelle est la pensée de saint Thomas sur cette application préalable, et cette détermination de l'activité volontaire, surtout si elle opère librement? Il semble qu'il soit difficile de concilier la doctrine exposée jusqu'ici avec ce qu'enseigne ouvertement le saint Docteur : « *Deus movet voluntatem hominis, sicut universalis motor ad universale objectum voluntatis, quod est bonum : et sine hac universali motione, homo non potest aliquid velle : sed homo per rationem determinat se ad volendum hoc vel illud, quod est vere bonum, vel apparens bonum* (1ª IIᵃᵉ, q. 9, a. 6, ad 3ᵘᵐ). — Et on lit dans les Sentences (II; Dist. 39, q. 1ª, a-I) : « *Quod (voluntas) determinate exeat in hunc actum, vel in illum, non est ab alio determinante (alii legunt determinate), sed ab ipsa voluntate.* »

Réponse. — Que l'homme, quand il opère librement, se détermine lui-même à vouloir ceci ou cela, personne ne le nie. — Que la liberté ne soit pas déterminée à agir de la même manière que la nature, tout le monde en convient. Mais qu'elle se détermine ensuite elle-même sous l'influence physique et déterminante de Dieu, ou indépendamment de cette influence, saint Thomas, dans les passages cités, ne l'affirme pas plus qu'il ne le nie. Mais ce qu'il ne dit pas là, il le dit ailleurs. — Le fait de se déterminer soi-même de son propre arbitre à vouloir ceci ou cela exclut évidemment toute idée d'influence violente ; cela exclut également une influence semblable à celle qui détermine la volonté au bien universel, influence qui détermine le pouvoir vis-à-vis d'une seule chose, et ne lui laisse pas le loisir de se déterminer pour un autre objet ; mais cela n'exclut pas l'influence de Dieu qui applique et unit le pouvoir à tel ou tel acte : « *Virtus causæ primæ conjungit causam secundam suo effectui* (I. P. q. 36, a. 3. ad 4um) *faciens nos velle hoc vel illud* (III. c. 6. c. 89) », en laissant toujours à la liberté le pouvoir de choisir ceci ou cela. Nombreux sont les passages de saint Thomas où cette doctrine se trouve exprimée (1) ; qu'il nous suffise d'en citer un : « *Voluntas dicitur habere dominium sui actus non per exclusionem causæ primæ, sed quia causa prima non ita agit in voluntate, ut eam de necessitate ad unum determinet, sicut determinat naturam ; et ideo determinatio actus relinquitur in potestate rationis et voluntatis* (2). »

Saint Thomas veut dire ici que la motion de Dieu constitue la liberté dans l'état actif, et non dans l'état passif ; et la constitue agissant de telle sorte que, alors qu'il la crée se déterminant soi-même, par soi-même, relativement à tel acte particulier, il lui laisse le pouvoir de choix entre les autres vouloirs divers et contraires.

---

(1) C. G., liv. I. c. 68 — I^a P., q. 83, a. 1, ad 3um. — II. S. dist. 37, qu. 1^a, a. 2, ad 5um. *Compend. Th. ad. Fr. Regin.* — C. 129. — Q. III, *de malo*, a. 2, ad 4um.
(2) Q. q. dd., *de Pot.*, q. III^l, a. 7, ad 13um.

III

Mais si l'activité libre de l'homme, quant à son pouvoir, quant à l'application de son pouvoir, et quant à l'acte qui en découle dépend de l'influence causale de Dieu, et en est toute pénétrée, que lui reste-t-il pour être une force autonome, maîtresse d'elle-même? Comment peut-on concilier l'indépendance propre à la liberté humaine, et la dépendance totale de cette même liberté sous l'universelle influence de la causalité divine?

On ne peut s'imaginer combien est pénible et ardu l'œuvre de l'esprit et de la plume, quand il s'agit d'établir l'accord entre le libre arbitre de l'homme et la causalité divine. — Je dirai sur ce sujet toute ma pensée, simplement et sans réticences.

1. Le premier trait d'union entre les diverses écoles, et la règle suprême à laquelle elles doivent fermement se tenir à ce sujet, est que l'accord qu'il s'agit ici d'établir doit se chercher entre la liberté créée telle qu'elle est, et la causalité divine, telle qu'elle est. — Vouloir établir

cet accord aux dépens de la liberté créée, ou de la causalité divine, ou de toutes les deux, ce n'est pas dénouer le nœud, c'est le trancher; c'est sacrifier leur nature aux exigences de l'intelligibilité de leur accord.

Donc, indépendamment de toute raison préjugée de conciliation, il faut tout d'abord établir ce qu'est la liberté de l'homme; — et ce qu'est la causalité divine. — Et ensuite, avec la ferme intention de ne rien enlever ni à l'une ni à l'autre, il faut comparer les deux termes entre eux, et en déduire le rapport, tel qu'il se présente objectivement. — Il vaut mieux se contenter de sa propre ignorance que d'admettre une fausse harmonie au détriment du vrai.

2. Mettons-nous donc bien en présence de ce qu'est la liberté créée, et de ce qu'est la causalité divine.

La liberté créée est un pouvoir actif mobile. — Dans sa racine, ce pouvoir est incliné actuellement et naturellement au bien universel; et par la force de cette inclination il est génériquement incliné aussi à tous les biens particuliers. C'est pourquoi il peut produire des vouloirs sans nombre, divers, et même contraires entre eux. — Il a la possession et le domaine de sa propre efficacité, si bien qu'il peut se diriger, s'appliquer et se déterminer, à produire de préférence tel vouloir et non pas tel autre parmi tous ces vouloirs possibles. — Il est essentiellement une cause appartenant à l'ordre des *causes causantes causées*. — Néanmoins, dans cet ordre de causes, il est une cause autonome, indépendante de toute inflence *efficace* d'une cause seconde. — Le pouvoir, l'application du pouvoir à produire l'acte, l'acte produit, sont trois choses réellement distinctes entre elles; l'acte a la raison d'effet immanent; le pouvoir s'appliquant soi-même à la production de l'acte, a la raison de cause *in actu secundo;* le pouvoir enfin a la raison de cause *in actu primo*. — De ces trois choses, l'une développe l'autre et en augmente la perfection. L'acte déploie la vertu causative en la terminant; — l'application développe le pouvoir en l'exerçant, en le dirigeant, en l'actualisant par rapport à telle production et non par rapport à telle autre; — le pouvoir enfin se trouve à la base comme la racine mobile et perfectible.

Quant à la causalité divine, elle est une vertu infinie; elle est cause première par essence. Aussi son influence causale est-elle principale, trascendantale et universelle; elle est aussi étendue dans son efficience que l'est l'être communiqué dans sa substance, dans son activité, dans les modes de sa substance et de son activité. Partout où l'on retrouve l'être communiqué, quel qu'il soit, il y faut reconnaître le contact physique et immédiat de la cause première.

Donc, la cause libre créée, dans son exercice, dans son acte, comme dans son pouvoir, par là même qu'elle appartient à l'ordre des causes et des êtres communiqués, est immédiatement subordonnée à l'influence efficiente de la causalité divine dont elle dépend complètement, et qui est la cause universelle et première par essence. Le fait de mettre la cause libre créée dans un tel rapport de dépendance, vis-à-vis de la cause première par essence, ne lui enlève rien de sa propre indépendance ; c'est ce rapport qui traduit en acte ce qu'elle était en puissance. « *Liberum arbitrium,* dit saint Thomas (I. P. q. 83, a. 1, ad 3um), *est causa sui motus ; quia homo per liberum arbitrium, seipsum movet ad agendum. Non tamen hoc est de necessitate libertatis, quod sit prima causa sui id quod liberum est : sicut nec ad hoc quod aliquid sit causa alterius, requiritur quod sit prima ejus. Deus igitur est prima causa movens et naturales causas et voluntarias. Et sicut naturalibus causis, movendo eas non aufert, quin actus earum sint naturales : ita monendo causas voluntarias, non aufert, quin actiones earum sint voluntariæ, sed potius hoc in eis facit : operatur enim in unoquoque secundum ejus proprietatem.* »

Or, dans ce concert se révèle la parfaite harmonie entre la cause libre créée et l'universalité de la causalité divine. *La cause divine crée la cause libre, finie dans son pouvoir, dans son exercice de cause et dans son activité ; elle la crée se déterminant elle-même et par soi à tel ou tel travail.* Donc entre la cause divine et la cause libre, créée causante, se trouve la même relation qui existe entre la cause et l'effet. Or, entre l'effet, en tant qu'il est effet, et la cause, en tant qu'elle est cause, il ne peut pas exister de répugnance, mais il doit se trouver la subordination et le suprême accord.

Et parce que la raison de tout ce qui est l'effet doit exister tout entière dans la cause, il en résulte que la première racine de cet accord doit se chercher dans l'efficacité toute-puissante de la volonté divine. *La volonté divine fait ce qu'elle veut, et comme elle le veut.* « *Cum voluntas divina sit efficacissima, non solum sequitur quod fiant ea, quae Deus vult fieri, sed et quod eo modo fiant, quo Deus ea fieri vult* (I. P. q. 19. a. 8). »

Certes, l'efficacité toute-puissante ne se dévoile pas à l'intellect de l'homme, telle qu'elle est en soi. Et par conséquent l'homme ne peut s'en former qu'un concept analogique, très imparfait, par comparaison avec les causes créées qui sont des efficacités déterminées et particulières, et, par suite, très imparfaites. Aussi ne faut-il pas s'étonner si nous n'arrivons pas à découvrir *comment* l'efficacité de Dieu embrasse entièrement l'efficacité libre créée, non seulement sans la blesser, mais encore en créant son indépendance. Connaître le *comment* des unions, des rapports entre les choses finies, qui tombent cependant sous nos yeux est déjà une chose très épineuse. A plus forte raison, le *comment* des unions et des rapports de l'Infini avec le fini doit-il être couvert d'un brouillard sacré : c'est d'une façon latente qu'intervient en ces unions le Dieu caché.

IV

1. La solution du Thomisme ne plaît pas à tout le monde ; elle a contre elle de nombreux et d'ardents adversaires. — Pour eux, la nature de la liberté, c'est d'être une activité indifférente, autonome, éminemment personnelle, ne dépendant et ne relevant que de soi. Aussi la soumettre à l'influence efficace d'un principe extérieur déterminant, même à celui de la causalité divine, c'est lui enlever son essence. Cette influence, si elle existait, viendrait de haut ; elle porterait avec elle, indépendamment de la cause libre créée, l'efficacité de son action dans un sens déterminé ; elle serait une efficacité qui embrasserait toute la puissance libre de la créature ; et celle-ci serait impuissante à s'y soustraire ni à l'incliner dans un autre sens que celui qu'elle porterait avec soi. Et alors comment pourrait-on dire que la créature libre est maîtresse de sa propre efficacité et de sa propre activité, alors qu'elle ne pourrait rien sur cette influence efficace déterminante qui lui viendrait de Dieu lui-même?

Il faut donc avouer qu'il y a une répugnance absolue, à ce que d'un côté Dieu pousse efficacement la liberté à l'exercice déterminé de son activité, et qu'en même temps, par la force même de cette impulsion, il la rende capable de se déterminer librement d'elle-même. — C'est pourquoi la méthode de conciliation entre la causalité divine et la liberté créée ne doit pas être celle que le Thomisme propose.

2. La solution, la voici : Dieu crée l'esprit, et dans l'esprit l'activité volontaire, et dans l'activité volontaire une tendance naturelle actuelle ou bien en général, et confusément dans leur ensemble, à tous les biens particuliers. C'est dans cette tendance que s'enracine la liberté comme pouvoir actif, indéterminé, essentiellement indifférent quant à l'exercice et à la détermination objective de son acte. L'indifférence est tellement dans la nature de la liberté, que, au moment où elle s'actualise et fléchit dans un sens, cette actualisation et cette inflexion procèdent de la liberté comme d'une cause indéterminée et indifférente. — De plus, cette indifférence, qui est la liberté, accueillant dans ces plis cette tendance au bien général, comme un souffle universel et versatile, l'applique librement à choisir ou à ne pas choisir, et dans le cas où elle choisit, à choisir ceci plutôt que cela.

C'est dans cette indifférence active, dégagée

de toute motion externe déterminante, que le Molinisme fait consister l'accord entre l'activité libre de l'homme et la causalité divine. Dieu donne la force libre, et en même temps une première impulsion générale, une direction vers le bien universel. Dieu conserve cette force libre et travaille avec elle. Mais son usage, son développement au milieu de tous les biens particuliers, son exercice ou son inaction, son application à ceci ou à cela sont absolument sous la puissance autonome et indépendante de l'homme.

Les limites restreintes de cette étude ne nous permettent, au sujet de cette doctrine, que des observations très courtes.

1. Le point de départ dans la recherche de la conciliation n'est pas, dans ce système, la double causalité, la causalité divine, et la causalité libre créée, telles qu'elles apparaissent d'abord séparément, et telles qu'elles se montrent ensuite rapprochées l'une de l'autre et comparées entre elles ; mais le point de départ de cette doctrine c'est l'unique préoccupation de rendre intelligible le « comment » de l'accord entre les deux causalités.

Or, cette manière de procéder est absolument défectueuse, c'est un véritable renversement de la logique qui ne plut jamais aux sophistes de toutes les époques. D'abord on doit examiner séparément les termes, qui sont les éléments de la question, et ensuite, si c'est possible, leur accord. Telle est la marche naturelle de la raison humaine : *le moins d'abord, et ensuite le plus.* — Il n'y a aucune sagesse à dénaturer le connu, au profit des exigences apparentes de l'inconnu.

2. Cette proposition, qui affirme une absolue répugnance entre l'influence causale de Dieu sur l'exercice déterminé de la liberté et l'indépendance propre de cette liberté créée, proposition dont font un si grand cas les adversaires du Thomisme, n'est nullement démontrée. Pour en établir avec certitude la vérité, il faudrait que l'homme connût ce qu'est en soi l'efficacité divine ; or cela, l'homme ne le sait pas, et ici-bas il ne le saura jamais. — Il y a mieux, et par un autre procédé, nous arrivons à démontrer la fausseté de cette proposition. La cause libre créée ne saurait se comprendre, ni comme cause causante par participation, ni comme activité quant à son application en puissance, si on ne la considère pas comme agissant avec Dieu, sous l'influence de Dieu, qui principalement applique son efficacité, et par cette application, la rend capable de se déterminer elle-même à agir, et à agir dans un sens plutôt que dans un autre. — La cause divine, elle aussi, ne saurait se comprendre

comme cause universelle et immense, si cette détermination précise, cette direction de l'activité libre créée, était soustraite à son influence causale.

A vrai dire, ce principe a un certain côté spécieux, qui séduit et entraîne un bon nombre d'esprits. Ceci vient de ce que l'on confond le concept vrai de la causalité divine, qui est transcendantal, avec le concept de la causalité créée qui est particulier. S'il nous était donné de concevoir ce qu'est la transcendance de la cause divine, et de l'avoir présente à l'esprit, à l'heure où nous étudions l'ordre des causes secondes, toute équivoque disparaîtrait bientôt. — Et en effet, si la liberté créée peut être la cause de l'exercice libre de son pouvoir, pourquoi donc Dieu ne pourrait-il pas être cette cause en s'unissant à la liberté? Pourquoi, celui qui donna à notre âme et tout son être et tout son libre pouvoir sans le concours de l'âme, pourquoi ne pourrait-il pas, agissant d'accord avec notre âme, diriger et développer notre liberté dans le sens de ses propriétés? — Telle est l'efficacité de Dieu sur la libre volonté créée, que cette volonté se trouve bien plus entre les mains de Dieu que dans les siennes propres : « *Deus*, dit saint Augustin, *magis habet in sua potestate voluntates hominum, quam ipsi suas* (LIB. DE CORREPTIONE ET GRATIA, c. 4). » Saint Thomas nous dit la même chose :

« *Sicut voluntas potest immutare actum suum in aliud, ita et multo amplius Deus, qui vehementius imprimit* (De Verit., q. 22. a. 8),... *qui... causa... dicitur principalis simpliciter propter hoc quod magis influit in effectum* (Ibid. q. 24, a. I. ad 4um). »

3. En troisième lieu, prétendre, comme le fait le Molinisme, que, en dehors de cette motion qui est la tendance au bien universel, il faut écarter de la liberté créée toute prémotion efficace; affirmer qu'une activité indifférente, et persévérant dans cette indifférence au moment de la production de l'acte, puisse être la cause de l'acte, cela ne tend à rien moins qu'à détruire la raison ontologique de la cause, qui est d'être la raison suffisante de l'effet.

Et de fait, l'effet de la cause libre est une chose réelle, ce n'est pas le néant; car si la liberté ne produisait rien, elle ne serait pas une cause. — C'est une chose réelle qui commence dans le temps : elle peut être comme elle peut ne pas être. Or, si la cause libre, quand elle produit l'acte, reste immuablement fixée dans l'indifférence active de son efficacité, dans cette condition d'activité neutre, indifférente, suspendue pour ainsi dire entre le oui et le non, on n'y trouve certainement pas et il est impossible d'y trouver la raison du oui.

De plus, ce que la liberté produit, acte ou

direction, est quelque chose de choisi entre de nombreux possibles. Or, l'indifférence, ne choisissant pas, ne peut donc être la raison suffisante de l'élection, et de la distinction objective.

Enfin, ce quelque chose qui est produit développe et accroît la perfection et l'être de l'activité libre. Par rapport à cette activité, ce quelque chose est comme l'acte par rapport à la puissance. Or, dans la puissance, en tant que puissance, on ne trouve pas la raison suffisante de l'acte; car le moins ne saurait rendre raison du plus.

Sans doute, la liberté créée n'est pas une simple puissance; c'est une puissance active. Elle possède *in radice* la tendance naturelle, actuelle vers le bien en général, elle a devant elle des objets connus comme des participations du bien; elle vit sous des impulsions nombreuses et diverses. Néanmoins, toutes ces énergies, qui la prédisposent et l'inclinent, sont incapables de la mouvoir *efficacement* : la liberté, qui est une force indépendante, les domine toutes.

Donc, il reste établi que si vous enlevez cette prémotion efficace de Dieu, qui constitue la liberté créée se déterminant par soi, et qui la fait vraiment libre quant à l'application et l'usage de sa propre efficacité, il n'y a aucune raison suffisante qui puisse expliquer comment se produit l'exercice déterminé de l'activité libre, le choix de tel ou tel vouloir, et son accroissement de perfection. Nous aurions alors une véritable création, sortie du néant, en dehors du principe de causalité, une évolution spontanée de l'être, un progrès du moins au plus sans explication possible.

4. Et non seulement la raison ontologique de cause en général se trouve détruite par un pareil système; mais si l'on va au fond des choses, on s'aperçoit que la raison de causalité libre s'évanouit complètement. En effet, on ne peut soutenir que la causalité de l'agent créé soit une véritable causalité, si elle n'importe pas la relation réelle d'activité agissante vis-à-vis de la production de l'effet. Or, étant donné que l'indifférence active de la liberté, quand elle produit son acte, reste immuable, reste identiquement ce qu'elle était quand elle ne produisait pas son acte, et ce qu'elle est par rapport à tous les vouloirs possibles qu'elle ne produit pas, il est clair que l'activité libre est absolument dénuée, en cette hypothèse, de toute réalité de cause causante.

Ceci apparaîtra plus évident encore, si l'on considère attentivement que la causalité propre du libre arbitre ne se porte pas tant sur l'acte qu'il produit que sur la direction qu'il imprime à sa propre efficacité, et sur l'usage précis qu'il en fait. Si l'acte est appelé libre, c'est parce que la direction précise imprimée à l'efficacité dont l'acte procède se trouve sous le pouvoir du libre arbitre. — Mais si aucune application déterminée ne précède l'acte libre, si aucune direction réelle n'est imprimée par la liberté à sa propre efficacité; si la liberté, en d'autres termes, ne se détermine pas, ne s'applique pas elle-même à la production déterminée qu'elle poursuit, on ne pourra jamais dire que l'acte est en son pouvoir, puisque l'efficacité dont il procède ne l'est pas.

5. Enfin, selon le système que nous réfutons ici, il y a dans l'activité libre de l'homme un quelque chose qui ne dépend pas de la cause divine. On veut bien admettre que la substance à laquelle est attachée la liberté dépend de Dieu, ainsi que la faculté qui donne naissance à l'acte libre; mais on veut que l'exercice particulier déterminé de la liberté, exercice qui est bien quelque chose de réel, et réellement produit par la liberté comme par une cause réelle, soit placé en dehors de la causalité divine, et que Dieu, pour connaître éternellement cet exercice, soit obligé de le regarder, soit dans sa vérité objective, soit dans la compréhension superlative de la liberté créée. — Ainsi, d'après ce système, Dieu créerait la nature de l'homme, libre et autonome; et la liberté créée produirait à son tour l'exercice déterminé d'elle-même.

Or, cette doctrine n'est pas admissible, parce

que, nous le répétons, elle s'oppose à la subordination et à la dépendance qui sont essentielles à l'être fini, et parce qu'elle contrarie l'universalité de la cause première par essence, qui embrasse tout. « *Quis prior dedit illi, et retribuetur ei ? Quoniam ex ipso, et per ipsum, et in ipso sunt omnia* (AD ROM. c. XI, 35-36). »

6. Il faut donc ainsi conclure : l'exercice de la liberté créée est un effet ; et, comme effet, il doit se rattacher à une cause. — Cette cause n'est pas un exercice précédant la liberté elle-même, parce qu'alors nous retomberions de nouveau dans l'insoluble question : *Et cet exercice qui précède la liberté, d'où vient-il à son tour ?* — Donc la cause est la puissance. Mais elle n'est pas la simple puissance, parce qu'elle est un pouvoir inerte et dénuée par elle-même d'application ; elle est la puissance s'appliquant librement elle-même à la causalité. Or, une telle puissance surgit au milieu de l'activité volontaire comme quelque chose de premier dans l'ordre de la liberté. Et ce premier libre exercice ne peut se rattacher qu'à l'Efficacité première, Toute Puissante, à la Liberté première.

V

Tant que chacun des deux systèmes exposés ici se bornera à considérer ce qu'il a de fort, et à combattre l'autre sur ses points faibles, cette controverse n'aboutira pas, et ne pourra pas aboutir. — Il est donc nécessaire d'embrasser ensemble les deux systèmes, de les comparer entre eux, quant à leurs développements et à leurs conclusions, et cela, sous la lumière de règles générales, évidentes, acceptées par les partisans des deux systèmes. — Si l'on veut bien procéder ainsi, sans doute, ces deux systèmes conserveront encore des obcurités bien profondes que l'intelligence n'arrivera jamais à dissiper. Mais on reconnaîtra du moins que l'obscurité du système que nous défendons ne vient que des faiblesses de notre pauvre esprit, qui, tout en connaissant l'existence de l'accord entre la causalité divine et la causalité humaine, est impuissant à en connaître *le comment*. — Tandis que l'obscurité du système adverse résulte de véritables impossibilités : Il admet la liberté créée, comme causante *in actu* ; et il nie l'application active de son efficacité. — Il admet le commencement de l'acte libre, sa détermination et son élection ; et il rejette la raison suffisante de ce commencement de l'acte, de sa détermination et de son élection. — Il admet l'immensité et la transcendance de la cause première par essence ; et il soustrait à son influence causale quelque chose qui appartient à la dépendance de la liberté créée. — Il admet la cause libre créée, comme essentiellement seconde et subordonnée ; et, en même temps, il la reconnaît comme une cause absolument première, quant à cette raison précise qui consiste à se déterminer soi-même subjectivement et objectivement. Or toutes ces contradictions sont des impossibilités. Et l'impossibilité n'est pas seulement une obscurité ; c'est une absolue répugnance en soi.

VI

Et maintenant détournons nos oreilles de ces voix discordantes. Rentrons un peu en nous-mêmes; élevons notre esprit et notre cœur vers le Très-Haut, qui est vraiment dans le fond de notre être et de nos opérations. C'est Dieu qui premièrement nous inspire, et nous attire vers Lui par les désirs qu'il met en nous. Il est la cause immédiate de la perfection de notre liberté. Et de même que l'artiste fait passer son intelligence et son amour dans sa main qu'il dirige, ainsi Dieu, Artiste Suprême, communique son Intelligence et son Amour à ce grand mouvement qui s'appelle l'histoire de la liberté créée. Oui vraiment, dans cet ensemble merveilleux, tout est admirable, parce que tout est soumis et que tout obéit à Dieu, et c'est en toute vérité que saint Thomas a pu écrire: « *Oportet quod Deus, comparetur ad omnia, sicut movens ad motum, et activum, ad id quod est in potentia.* (S. Th. C. G., lib. III, c. 180). »

NOTE

Nous avons jugé utile d'ajouter à ce travail sur la Causalité divine une note extraite de l'Anthropologie du R. P. Lepidi. Cette note, composée presque entièrement avec les expressions mêmes de saint Thomas, sera lue avec un très grand intérêt par ceux qui veulent connaître exactement sur ce sujet la doctrine du Docteur Angélique.

E. V.

Ne hæc gratis asserere videamur, certis S. Doctoris testimoniis in medium prolatis, singula dicta sunt distincte probanda.

1. *Sensum, qui subest voci « prædeterminatio ». S. Thomas admittit.* — Hæc vox, active sumpta, ut est in Deo, et habet rationem principii relate ad determinationem, quæ est in nobis, significat voluntatem Dei ut prædefinientem et inferentem determinationem libertatis creatæ. Quatenus vero est quid a Deo in libertate creata receptum, significat influxum realem Dei constituentem activitatem liberam motam et *applicitam* ad inferendum determinate, in individuo, actum suum : *motam*, inquam, et *applicitam*,

prout convenit suæ naturæ, quæ est movere et determinare se a se. Significat ergo influxum realem Dei, qui complet et constituit creatam libertatem *determinantem se a se.* Dicitur *determinatio* propter determinatam electionem, ad quam applicat. Dicitur *prædeterminatio*, ut est active in Deo; vel, si accipiatur in libertate recepta, quia prioritate causæ præcedit actum electionis qui sequitur, juxta illud: *Motio moventis præcedit motum mobilis ratione et causa.* (C. Gentes, lib. III, c. 150.)

Atqui utrumque sensum admittit S. Thomas. Priorem quidem (Comm., in lib d. Div. nom., cap. V, lect. 3ª) his verbis : « Exemplaria dicimus esse... in ipso intellectu divino quasdam existentium rationes intellectas, quæ sunt substantiarum factivæ, et præexistunt in Deo singulariter, id est, unite, et non secundum aliquam diversitatem : et hujusmodi rationes sancta Scriptura vocat *prædefinitiones*, sive *prædestinationes*... Quæ quidem prædefinitionés et voluntates sunt distinctivæ entium et effectivæ ipsorum : quia hujusmodi rationes supersubstantialis Dei essentia *prædeterminavit*, et omnia produxit ».

Alterum vero sensum pluribus locis tradit. Nam passim docet (qq. dd. de Pot. q. III, a 7; — 1ª P., q. 105, a. 5. — C. Gentes, lib. III, c. 70) Deum esse causam actionis cujuslibet rei naturalis, necessario et liberi agentis, non solum quia Deus agendi virtutem confert et conservat, sed etiam quia movet et applicat virtutem ad actionem : *sicut homo est causa incisionis cultelli et hoc ipso, quod applicat acumen cultelli ad incidendum, movendo ipsum* »; Deus, ait alibi (Op. VII, de articulis 108, q. 37ª, inter spuria recensetur), in anima agit non solum causando in ea aliquem habitum, puta gratiæ vel virtutis, sed etiam *inclinando liberum arbitrium ad hoc vel ad illud,* quod non proprie dicitur influere, sed magis movere ad actum (Cf. 1ª P., q. 103, a. 8, — 1ª 2ᵃᵉ, q. 5 ª, a. 1 ad 3 ᵘ, — 2ª 2ᵃᵉ q. 104, a. 4 ; — C. Gentes, III, c. 67 et 91). » Præterea huic doctrinæ innixus statuit S. Doctor medium in quo futura omnia libera, et cogitationes cordium cognoscit Deus; quia nimirum ipse est causa omnium, non in communi tantum, sed et in particulari (1ª P., q. 14, aa. 5, 11, — q. 57, a. 4).

2. Ab hac voce *prædeterminatio* non refugit Doctor sanctus. Qui enim Doctores docent, Deum non determinare ea, quæ sunt in libero arbitrio, excusat et explicat dicendo « ea quæ sunt in nobis divinæ determinationi non esse subjecta, quasi ab ea necessitatem accipientia (C. Gentes, lib. III, 90) ». Rursum docet ipse (quodl. XII, q. III, a 4), posse dici quod omnia subjiciantur fato, si per fatum intelligitur « providentia Dei, a qua omnia sunt *prædeterminata* et ordinata. » Et bene est notandum, S. Thomam non de præscientia Dei agere hic, sed de causalitate Dei; agit enim de fato: fatum autem præordinatio est, non est simplex præscientia. « Causa quæ est ex se contingens, ait S. D., oportet *determinetur ab aliquo exteriori* ad effectum; sed voluntas divina, quæ ex se necessitatem habet, determinat seipsam ad volitum ad quod habet habitudinem non necessariam (1ª P., q. 19, a. 3 ad 5ᵘᵐ). »

3. *Solidis vero argumentis ostendit veritatem suæ sententiæ,* quod scilicet quantumcumque natura aliqua, corporalis vel spiritualis, ponatur perfecta, non potest in suum actum procedere, nisi moveatur a Deo (1ª 2ᵃᵉ q. 109, a 1).

Loquendo de libertate hominis, id ex ipso facto sub lumine rationis colligitur. Est enim agens in potentia : caret quandoque actu electionis, hæret inter multa quasi suspensus et indeterminatus, et incipit eligere, cum prius non eligeret. Jam vero quando de non eligente fit eligens, et electionem spirat, ab illa dispositione, quæ est propria non eligentis, aut mutatur, aut non mutatur. Si non mutetur, spiratio tunc electionis sine ratione sufficienti ponitur. — Sin mutetur; ergo est in potentia ad mutationem. Ergo ab aliquo mutatur; « oportet enim, ut id quod est in potentia, reducatur, in actum per aliquid quod est in actu (1^a $2^æ$ q. IX a. 1) ». Reducitur autem in actum electionis per motionem Dei, « Solus enim imprimere potest in nostram voluntatem (qq. dd. de Veritate, q. X, a 5) ».

Quam argumentationem conceptis verbis exprimit S. Doctor in quæstione 6^a de malo (art. un. ad. 17um) : « Voluntas, ait, quando de novo incipit eligere, transmutatur a sua priori dispositione, quantum ad hoc quod prius erat eligens in potentia, et postea fit eligens actu; et hæc quidem transmutatio est ab aliquo movente, in quantum voluntas movet seipsam ad agendum, et in quantum etiam movetur ab aliquo exteriori agente, scilicet Deo. »

Rursum, idipsum probat ex natura activitatis creatæ, non exclusa humana libertate. Virtus enim, qua pollet omnis res creata, est utique sufficiens in ordine suo, quatenus est vis subordinata, a Deo essentialiter dependens, serviens ei ut instrumentum; quare ex se prosilire in actum non potest, nisi *cum et sub Deo movente et applicante ipsam ad actum* « Moventia secunda, inquit S. Thomas (1^a P, q. II, a. 3), non movent nisi per hoc quod sunt mota a primo movente, sicut baculus non movet, nisi per hoc quod est motus a manu. » Quare « sub Deo, qui est primus intellectus et volens ordinantur omnes intellectus et voluntates sicut instrumenta sub principali agente (c. Gentes, lib. III, c. 148). »

Et vere, « omne agens facit esse actu (c. Gentes, lib. III, c. 66), » ponit scilicet aliquid extra causam et extra nihilum. Ergo et causa libera, cum elicit actum, facit esse in actu.

Nullum autem finitum potest per se facere esse in actu : non enim habet esse a se; ergo nec potest dare esse a se. Et si dat esse, dat utique in virtute Dei, a quo omne esse participatum, ut sit, et ut conservetur in esse, essentialiter pendet ; quo sublato, non est ens, quod possit esse : « Licet per causas medias *Deus effectus exequatur*, ait S. Thomas : in ipsa executione tamen quodammodo immediate se habet ad omnes effectus, in quantum omnes causæ mediæ agunt in virtute causæ primæ, et quodammodo ipse in omnibus agere videtur : et omnia opera secundarum causarum ei possunt attribui, sicut artifici attribuitur opus instrumenti : convenientius enim dicitur quod faber facit cultellum, quam martellus (Opusc. I, Comp. Theol. ad. Fr. Reg., c. 135. — Cf. q. III de Potentia, a. 7, ad 7um). »

« Igitur esse (c. Gentes, lib. III, c. 66) est proprius effectus primi agentis, et omnia alia agunt ipsum, in quantum agunt in virtute primi agentis. » Ergo, cum causa libera creata eliciendo actum facit esse actu id ut instrumentum Dei, quia mota et applicita a Deo ad actum, operatur. Itaque « omnes homines comparantur ad Deum ut quædam instrumenta, quibus operatur (C. Gentes, lib. IV, c. 41). »

4. *Quæ contraria objiciuntur, dissolvit accurate.* Qui enim physicam docent prædeterminationem, quinque potissime impugnari solent.

Primo : Quomodo duæ causæ totales, Deus scilicet et libertas creata, unum eumdemque effectum producere possunt, determinationem nempe illam, per quam causa libera de non eligente, fit eligens ?

Hoc argumentum S. Thomas sibi objicit in quæstione 3ᵃ de Potentia, et respondet, « quod in operatione, qua Deus operatur movendo naturam, non operatur natura; sed ipsa naturæ operatio est etiam operatio virtutis divinæ, sicut operatio instrumenti est per virtutem agentis principalis. Nec impeditur, quin natura et Deus ad idem operentur, propter ordinem qui est inter Deum et naturam (ad 3ᵘᵐ) secundum prius et poste. ..s (ad 5ᵘᵐ), Deus enim ut causa principalis, natura ut instrumentum virtutis Dei operatur : unde, exclusa superiori virtute, inferior virtus operationem non habet (ad 5ᵘᵐ — Cf. c. Gent. lib. III, c. 70). »

Secundo : Quomodo illa determinatio, qua libertas se determinat spontanea potest esse et vitalis, quandoquidem ab exteriori principio provenit, nimirum a Deo ?

Hoc sibi objecit S. Thomas in quæstione 6ᵃ de malo art. un., et respondet : « Ad quartum dicendum quod voluntas aliquid confert, cum movetur a Deo; ipsa enim est, quæ operatur, sed mota a Deo : et ideo motus ejus, quamvis sit ab extrinseco sicut a primo principio, non tamen est violentus, » sed spontaneus, vitalis : Deus enim non exterius, vi aliqua cogente; sed « interius inclinat voluntatem ad volendum (1ᵃ 2ᵐ, q. LXXX, a. 1). »

Tertio : Quomodo facultas libera manet libera, si prædeterminetur a Deo; prædeterminationis enim, quæ prævenit exercitium libertatis, libertas non est domina ? — Rursum, quomodo, data prædeterminatione, liberum dici potest, movere se a se ad agendum ? Siquidem omne id, cujus actio causatur ab alio, ab illo movetur : ergo non movet se a se.

Pluries hæc objicit sibi S. Thomas. In quæstione III de Potentia, art. 7, hæc habet : « Ad decimum tertium dicendum, quod voluntas dicitur habere dominium sui actus non per exclusionem causæ primæ, sed quia causa prima non ita agit in voluntate, ut eam de necessitate ad unum determinet, sicut determinat naturam; et ideo determinatio actus relinquitur in potestate rationis et voluntatis. » Quomodo vero id fiat, explicat S. Doctor in q. III de malo, a. 2 : « Ad quartum dicendum, quod cum dicitur aliquid movere seipsum, ponitur idem esse movens et motum; cum autem dicitur, quod aliquid movetur ab altero, ponitur aliud esse movens et aliud motum. Manifestum est autem, quod cum aliquid movet alterum, non ex hoc ipso quod est movens, ponitur quod sit primum movens : unde non excluditur, quin ab altero moveatur, et ab altero habeat similiter hoc ipsum quod movet. Similiter, cum aliquid movet seipsum, non excluditur, quin ab alio moveatur, a quo habet hoc ipsum, quod seipsum movet : et sic non repugnat libertati, quod Deus sit causa actus liberi arbitrii. »

Quarto : Quomodo peccare potest liberum arbitrium, si a Deo determinatur ad actum ?

Non semel difficultatem istam proponit et solvit S. Doctor. In prima secundæ quæst. 79 aa. 1 et 2, sic respondet : Liberum arbitrium est causa media. « Effectus autem causæ mediæ procedens ab ea, secundum quod subditur ordini causæ primæ reducitur etiam in causam primam : sed, si procedat a causa media, secundum quod exit ordinem causæ primæ, non reducitur in causam primam (a. I ad 3um). Peccatum vero nominat ens et actionem cum aliquo defectu. *Qualenus* actus peccati et est ens, et est actus, ex utroque habet quod est a Deo. Omne enim ens, quocumque modo sit, oportet, quod derivetur a primo ente.. *Quatenus vero nominat defectum*, et deficit ab ordine primi agentis, scilicet Dei, defectus ille est ex causa libera creata (a. 2). »

Quinto : Quæ vero dicta S. D. videntur contraria nobis, facile explicantur. Contrarietas enim non est vera, utpote quæ emergit vel ex ambiguitate, vel ex malo intellectu dictorum.

Et vere, quinque sunt super hac re hujus generis dicta, quæ passim in operibus Sancti Thomæ occurrunt : 1° « Inclinatio non determinatur ei (naturæ rationali) ab alio, sed a seipsa (qq. dd., de Veritate, q. 22, a. 4). » — 2° « Est in potestate ejus (voluntatis) appetere hoc vel illud. » — 3° « Virtus causæ primæ recipitur in causa secunda secundum modum causæ secundæ (I S., dist. 38, q. 1ª, a. 5) ; *et* « per eam determinatur quodammodo actus primæ causæ ad hunc effectum (qq. dd. q. 5ª de Verit., a. 9, ad 10um). » — 4° « Quanto aliqua natura est Deo vicinior, tanto minus ab eo inclinatur, et magis nata est seipsam inclinare (qq. dd. de Veritate, q. 22, a. 4). » — 5° Dispositio inhærens subjecto, si sit determinata, tollit possibilitatem contrarii, et proinde libertatem (colligitur ex 1ª P., p. 14, a. 13, ad 3um, et ex q. 6ª de Veritate, a. 3, ad 8um).

Atqui hæc dicta haud sunt difficilia explica' 1. Primum enim removet a natura rationali eam determinationem, quæ est per modum naturæ, quæ non compatitur dominium propriæ inclinationis ; quia ad unum determinat, quin relinquat potestatem contrarii : *Cum* « Damascenus... dicit in secundo de orthod. fide (c. 30), ait S. Thomas, quod ea quæ sunt in nobis (h. e. in nostra libertate), Deus prænoscit, sed *non prædeterminat*, exponenda sunt, ut intelligantur ea quæ sunt in nobis divinæ providentiæ non esse subjecta, *quasi ab ea necessitatem accipientia* (C. Gent., lib. III, c. 90 — et 1 P., q. 23, a. 1, ad 1um). »

Alterum dictum asserit quidem libertatem esse dominam proprii actus, supposita tamen motione et applicatione primi agentis : « non enim est de necessitate libertatis, quod voluntas sit prima causa sui... Deus igitur est prima causa movens causas naturales et voluntarias... *et* movendo causas voluntarias non aufert, quin earum actiones sint voluntariæ, sed potius hoc in eis facit (1ª P., q. 83, a. l. ad 3um) ».

Tertium dictum potest intelligi bifariam : uno modo, quia Deus movet libertatem motione generali, ipsa autem libertas, determinatione Dei seclusa, applicat et determinat motionem illam ad hoc, et ad illud. — Alio modo, quia Deus movet juxta exigentiam causæ secundæ : *necessario*, si causa secunda sit necessaria; *libere*, si libera. — Prior sensus est contra doctrinam S. Thomæ estque rejiciendus. « Nam voluntas divina inquit Angelicus (1º Periherm., lect. 14ª), est intelligenda ut extra ordinem entium existens, velut causa quædam profundens totum ens et omnes ejus differentias. » Unde non solum virtutem volendi a Deo habemus sed etiam operationem... faciente nos velle hoc vel illud (c. G., lib. III, c. 89.) » — Posterior autem sensus est verus; unumquodque enim sic agitur, prout natum est agi; quare Deus « operatur in unoquoque secundum ejus proprietatem (Iª P., q. 81, a, l. ad 3um). » — Quod si quis urgeat dicens, S. Doctorem priorem sensum tenere; idque colligi ex quæst. 6ª de malo, ubi docet : « Deus cum omnia moveat secundum rationem mobilium, ut levia sursum, et gravia deorsum, etiam voluntatem movet secundum ejus conditionem, non ut ex necessitate, sed ut *inde-*

terminate se habentem ad multa », dicendum est, hæc verba facilem et veram explicationem habere: nam quatenus virtus causæ primæ conjungit voluntatem suo effectui, eam determinat; quatenus vero sic eam effectui conjungit, ut ipsi relinquat potestatem aliter operandi, eam movet ut indeterminate se habentem ad multa.

Quartum dictum vero asserit, quod quanto aliqua natura est Deo vicinior, tanto minus *inclinatur*, hoc est, *determinatur ad unum;* non autem, quod impressio divinæ motionis sit minor. Siquidem « nulla natura, quantumvis perfecta, procedit in suum actum, nisi moveatur a Deo (I^a 2^{ae}, q. 109, a 1); » immo, « efficacior est impressio divinæ motionis in substantiis intellectualibus, quam in substantiis aliis naturalibus (C. G., lib. III, c. 95). »

Denique, quintum dictum debet juxta mentem S. Thomæ intelligi, de forma, quæ permanenter hæret in subjecto, et inseparabiliter: quod ex I^a P., q. 14^a, a. 13, ad 3um, patet. Talis enim forma possibilitatem contrarii non admittit, et tollit libertatem. Atqui non est hujusmodi determinatio, qua activitas libera movetur ad agendum: ipsa non est *forma habens esse ratum et firmum in natura;* sed *est ut intentio sola, habens esse quondam incompletum, quo colores sunt in aere*, et virtus artis in instrumento artificis (De Pot., q. 3^a, a. 7 ad 7um — Cf. qq. dd. de Veritate, q. 22, a. 8). Ipsa dirigit quidem et movet activitatem liberam in unum; tamen non adimit potestatem contrarii, incolumem enim relinquit suam naturalem potestatem, qua potest late se porrigere per multa.

Doctrina itaque prædeterminationis physicæ vere traditur a Sancto Thoma. Ea profertur ut « complementum virtutis agentis secundi ex agente primo

(C. G., l. III, c. 66) » ; ut ratio, quæ mutabilem potentiam agentis creati cum certa determinata operatione conjungit (Iª P,, q. 36. c. 3, ad 4ᵘᵐ) ; ut vis artificiosa, quæ libertatem dirigit in unitatem ordinis, in bonum universi.

FIN DE LA NOTE

LA CRITIQUE DE LA RAISON PURE

D'APRÈS KANT

ET LA VRAIE PHILOSOPHIE

LA CRITIQUE DE LA RAISON PURE

D'APRÈS KANT

ET LA VRAIE PHILOSOPHIE

―――

La raison humaine a deux procédés : le procédé direct et le procédé réflexe.

Dans le premier, la raison présuppose ses idées, ses principes, sa force déductive, sans s'examiner ni s'approfondir elle-même, et, sous la seule influence de l'instinct et de l'évidence, déploie sa lumière pour saisir et mettre en relief l'objet qu'elle poursuit.

Dans le second, elle se replie sur elle-même, et se contemple pour examiner et étudier avec soin la valeur, la possibilité, les conditions, l'étendue et les limites de son savoir.

La raison, qui est le principe et la cause du savoir en chacun de nous, ne saurait arriver à connaître un objet, sans développer sa virtualité en l'appliquant à cet objet. — La raison, qui ne rentre pas en elle-même, pour juger de la valeur de son savoir, manque d'effort personnel, elle n'atteint pas le but de son travail, et ne peut, avec une certitude réfléchie, illuminée, devenue sienne, juger ses propres connaissances.

La direction de la raison vers l'objet s'appelle *dogmatisme;* parce que c'est une production dérivée de principes admis comme des dogmes incontestables, par la force spontanée de leur évidence native, sans le moindre examen.

Le repliement de la raison sur elle-même s'appelle *criticisme;* parce que, dans ce repliement, la raison est uniquement consacrée à se juger et à se connaître.

Celui qui entreprend cette critique se trouve en présence de deux chemins dont l'un le conduit à la vie, et l'autre à la mort. Il n'y a pas de milieu : ou bien le dogmatisme examiné et reconnu, ou bien l'absolu scepticisme.

Si la raison se laisse conduire par sa nature propre, telle qu'elle est dans la réalité, avec une simplicité et une sincérité parfaites, se contentant de mettre en relief, avec soin et netteté, ses tendances natives, ses concepts, ses principes, sa puissance de déduction, le caractère d'objectivité réelle et extérieure de tous ces éléments divers, nous avons alors le criticisme dogmatique, c'est-à-dire la raison qui réfléchit et s'approfondit, pour arriver à la pleine possession d'elle-même; nous avons la vie.

Mais si par hasard la raison se défie de sa propre évidence, de la valeur de ses principes et de ses déductions, si elle s'use dans des recherches incertaines et douteuses, afin de savoir si elle est vraiment l'instrument capable de manifester le réel, alors nous avons le criticisme absolu de Kant, ou l'hypercriticisme; et, par une conséquence logique, nous arrivons au scepticisme, à la négation, à la mort de la raison.

Notre but est d'examiner ici ces deux criticismes, le criticisme de Kant, et le criticisme dogmatique, sans entrer dans l'examen des particularités et des détails secondaires, restant toujours sur les hauteurs. Nous ferons cet examen aussi soigneusement, aussi consciencieusement que possible, avec toute la méthode et toute la netteté propres à l'École.

Il s'agit de sauver la réalité de l'ordre idéal, qui est la base et la clef de toute philosophie rationnelle.

CHAPITRE PREMIER

EXPOSITION DE LA DOCTRINE DE KANT SUR LA RAISON PURE

I. — Tous les éléments de la connaissance humaine peuvent se diviser en deux classes. — La première renferme les éléments sensibles internes et externes; la seconde, les éléments purement intelligibles.

Ces derniers sont *purs* de toute sensation ; ils sont à priori, c'est-à-dire qu'ils dépassent la portée de l'expérience; ils sont caractérisés par leur absolue nécessité, par leur absolue universalité. (Crit. § 6.) — Tels sont, selon Kant, les concepts de l'espace et du temps, considérés par lui comme les formes de la sensibilité pure et à priori (§§ 37, 224). Tels sont encore les concepts de l'être en général, de l'unité, de la relation, de la cause et de l'effet (§ 118). Telles les idées transcendantales de la cause première, de l'Absolu, du *moi* pensant (§ 439). Tels les jugements *per se noti*, nommés par Kant jugements *analytiques*, dans lesquels la seule analyse du sujet suffit à en faire comprendre le prédicat. Telles les conclusions dont les prémisses n'ont rien de sensible et d'expérimental. Tels sont enfin, au dire de Kant, certains principes, dont le prédicat ne se manifeste pas par l'analyse du sujet, et qu'il considère toutefois comme des jugements synthétiques purs et à priori : il n'hésite pas à placer parmi eux le principe de causalité (§§ 22, 222, 275 et suivants).

Or, tous ces éléments, et surtout les intelligibles purs et à priori, sont la matière de la critique de Kant. Il l'intitule : *Critique de la raison pure*, c'est-à-dire examen de la faculté qui contient les intelligibles purs.

II. — Ceci posé, il s'agit d'examiner les points suivants : ces éléments sensibles purs, et particulièrement ces intelligibles purs, de quelle source dérivent-ils ? — Quelle valeur ont-ils pour représenter la réalité existante ? — La Métaphysique, comme science, est-elle possible ? — Existe-t-il au moins dans l'homme une connaissance empirique ? — Quelles en sont les conditions ? — Quelle en est la manière de procéder ? — Quelle en est l'origine ? — Quelle en est la nature ? —

III. — Ce sont là les recherches principales de la Critique de Kant. Leur but est de déterminer dans quelle mesure l'homme doit se fier à la lumière de la raison pure.

L'examen est difficile; parce qu'il s'agit ici d'idéalités abstraites et subtiles : mais le but est digne d'être pris en considération. En effet, même si l'on se renferme dans de justes limites, qui oserait jamais, avec une certitude ferme et vraiment scientifique, s'appuyer sur ces formes, sur ces principes immanents, qui sont les propriétés de la sensibilité et de l'intellect, sans en avoir auparavant approfondi la juste et véritable valeur ?

IV. — Voici maintenant les conclusions des recherches de Kant.

Première conclusion. — Les éléments sensibles prennent leur origine dans la spontanéité du sens externe et interne; les intelligibles dans la spontanéité de l'intellect. Quand la sensibilité développe sa propre vertu, elle donne naissance aux sensibles; quand l'intellect développe la sienne, nous avons les intelligibles (§§ 33, 82).

Seconde conclusion. — Sensibles et intelligibles n'ont aucune valeur pour représenter la réalité existante.

Les sensibles d'abord; parce que la sensibilité, avec ses impressions, est aveugle (§ 82). Les formes qui lui sont propres, c'est-à-dire l'espace et le temps, n'ont aucune existence réelle; ils ne représentent que les lois subjectives de la sensibilité. L'espace est la forme des phénomènes du sens externe; le temps est la forme des phénomêmes du sens interne, de l'intuition de nous-mêmes et de notre état intérieur (§§ 50, 61).

Les intelligibles ensuite ; parce que l'intellect avec ses concepts purs, à priori, avec ses jugements analytiques et synthétiques, manque absolument de valeur pour représenter la réalité existante. Ce sont des concepts vides, sans objet, des irradiations subjectives, sans matière irradiée, de pures apparences sans significat. Les principes analytiques sont des propositions identiques, et ne peuvent avoir d'autre valeur que celui du concept dont ils sont les explications. Même les principes *synthétiques à priori* sont vains : ils ne représentent qu'une exigence subjective de la spontanéité de la raison. Par exemple, le principe de causalité naît du besoin qu'a l'esprit de voir l'unité partout (§§ 18,25,82, 210, 211,224).

La raison enfin, avec ses déductions, avec ses idées, n'exprime pas non plus la réalité en elle-même. Ses illations sont une expansion des concepts de l'intellect, qui est vain; et les idées sont un enfantement de la force synthétique propre à la raison elle-même. — Donc, la raison pure ne produit rien, ne dit rien (§ 937); ses éléments sont incapables d'établir les représentations, les conditions et les lois de l'existence; ils ne servent qu'à définir les conditions de la pensée.

Troisième conclusion. — La Métaphysique comme science n'est pas possible; parce que la science réclame nécessairement un objet, et que la Métaphysique n'en a pas. Elle se compose exclusivement de concepts, de jugements *purs à priori*, qui sont des apparences et n'ont pas d'objet réel. — Donc la science de l'absolu, la science de la cause première, de la spiritualité, de l'immortalité et de la liberté de l'âme n'existe pas (§ 9). — Si l'humanité se porte irrésistiblement vers ces grandes et nobles recherches, cela vient uniquement de l'illusion transcendantale qui l'envahit, d'un besoin inhérent à la spontanéité de l'intellect.

Quatrième conclusion. — La connaissance expérimentale est possible; parce qu'elle n'exige que des intuitions sensibles, pensées et coordonnées dans une unité systématique. Or, tout cela ne dépasse pas la portée de la connaissance humaine.

Cinquième conclusion. — Les conditions du savoir expérimental sont au nombre de quatre :

1° Il faut des impressions reçues dans la sensibilité externe ou interne. — Ces impressions forment la matière sensible, les faits concrets à connaître (§ 81); et c'est dans les sens, externes ou internes, qu'il faut, en fin de compte, d'une manière directe ou indirecte, trouver la matière de toute connaissance (§§ 2. 34).

2° Il faut des impressions sensibles actualisées par les formes pures du temps et de l'espace, afin qu'elles deviennent l'objet de l'intellect; parce que les impressions sensibles sont par elles-mêmes informes et aveugles, et ne peuvent être l'objet de l'intellect, si elles ne sont actualisées par les formes pures de l'espace et du temps (§§ 40. 41). En effet, pour que les sensibles soient perçus, il faut, s'ils sont externes, qu'ils aient consistance et figure, une place nettement déterminée, un certain ordre dans la continuité successive de leurs mouvements; s'ils sont internes, il leur suffit de posséder l'ordre dans la succession. Or, l'ordre dans la continuité successive des sensibles vient du temps; la figure et le placement, que les sensibles externes ont dans le lieu, viennent de l'espace.

3° Il faut que ces impressions soient soumises à la lumière des concepts et des jugements *purs et à priori*, afin qu'elles soient pensées. Parce que la multiplicité dans les choses sensibles ne peut être pensée que sous le concept de l'unité; leurs variations ne peuvent être pensées que sous le concept de substance, et l'unité sensible ne saurait se concevoir comme dépendante, sans le secours du principe de causalité.

4° Il faut que ces impressions soient soumises aux idées transcendantales, du *moi* pensant, de la Cause première, de l'Absolu; parce que la série des impressions psychologiques reste suspendue, si elle n'est pas rattachée à l'idée du *moi* pensant. On doit dire la même chose des impressions cosmologiques séparées de l'idée de la Cause première, ainsi que de tous les possibles séparés de l'idée de l'Absolu (§§ 439 et suivants).

Sixième conclusion. — La connaissance de l'homme se parfait par le moyen de la synthèse, c'est-à-dire, par la composition de l'élément matériel et formel. — L'union du sensible avec la forme de l'espace et du temps forme l'objet. — L'union de l'objet avec les concepts purs crée l'être pensé. — Enfin l'union de l'être pensé avec l'idée de l'Absolu forme le terme dernier de la pensée.

Septième conclusion. — La connaissance humaine a deux branches : la sensibilité et l'intellect. Et ces deux branches naissent peut-être d'une même cause qui nous est inconnue (§ 33). La spontanéité de la sensibilité en fournit la matière ; et celle de l'intellect en donne la forme. Et c'est le propre de la forme, de déterminer, de composer, d'ordonner la matière et de la centraliser sur les trois points capitaux, énumérés ci-dessus (§ 81).

Huitième conclusion. — Il n'est pas difficile, d'après ce que nous avons dit, de déduire maintenant, selon la critique de Kant, ce qu'est la connaissance humaine.

C'est une composition d'éléments sensibles, de formes pures, de concepts, d'idées. Elle commence par le sens, s'élève jusqu'aux formes et aux concepts, et se termine par les idées. — La sensibilité fournit pour ainsi dire la matière brute, c'est-à-dire les représentations sensitives. — L'intellect ensuite présente les concepts, et comparant, unissant, séparant ces représentations, il les digère avec ses propres forces, et les amène à cette connaissance des objets, qui s'appelle expérience (Introd. § 1).

C'est pourquoi cette connaissance est empirique, en ce qu'elle vise des impressions et des faits sensibles, objets propres de l'expérience.

Elle est subjective, parce que les impressions sensibles qui en sont la matière, l'espace et le temps qui en sont les formes sensibles, les concepts, les jugements, les déductions, les idées qui en sont les conditions, tout cela n'est qu'un développement spontané, immanent, de la sensibilité et de l'intellect dans l'être qui connaît (§ 70).

Que si, parfois, Kant semble attribuer à notre connaissance empirique une réalité objective (§§ 104-124), il n'entend signifier par là que les pures représentations de notre sensibilité, dont la forme est l'espace ; mais ces représentations, quant à la chose elle-même, ne représentent rien du tout (§ 53). « Les phénomènes, dit-il

(§ 592), sont réels, lorsqu'ils sont liés empiriquement à ma conscience réelle, bien qu'ils n'aient rien de réel en eux-mêmes, c'est-à-dire en dehors de cette progression de l'expérience ».

Elle est *phénoménale;* c'est-à-dire c'est une connaissance qui n'atteint pas les réalités existantes (τα νοούμενα), mais ce qui apparaît (τα φαινόμενα) comme des réalités existantes, sans démontrer si l'apparente réalité est ou non existante. La raison en est que les objets ne se montrent pas à notre connaissance tels qu'ils sont en eux-mêmes, purs de toute qualité étrangère, car ils sont qualifiés par l'expérience, qui est quelque chose propre non pas de l'objet qui est connu, mais du sujet qui connaît. Ils se montrent en conséquence comme expérimentés, selon ce mode d'être apparent qu'ils ont dans l'expérience et par l'expérience (§§ 589 et suiv.). Or l'apparence de ce qui apparaît, chose à noter, n'est pas une réalité existante, c'est une réalité phénoménale, c'est une apparence, non qui est, mais qui apparaît (§§ 70. 592).

V. — Et, maintenant, si on demande quel est le résultat final de la critique de Kant, il faut répondre : le résultat de cette critique est que « le centre du savoir n'est plus l'objet, mais le sujet, c'est-à-dire, la faculté qui perçoit, ne doit plus être réglée et mesurée par les objets ; mais ce sont les objets qui doivent être réglés et mesurés par le sujet : le centre du savoir n'est pas l'objet connu, mais le sujet qui connaît ». (*Critique de la raison pure.* Préface). Et certainement, si l'on admet que l'origine, le fond réel, la base primitive et fondamentale de la connaissance, c'est la spontanéité de l'être qui connaît, et que de cette spontanéité naît l'objet, c'est ainsi qu'il faut dire, et non pas autrement.

VI. — En vérité, conclut Kant, il est bien humiliant, pour la raison spéculative, d'être ainsi limitée dans sa valeur, et, alors qu'elle est circonscrite dans l'exercice de raison pure, d'être vaine, et de ne dire rien de réel. Mais si l'on réfléchit que, dans toute recherche scientifique, on doit procéder avec la plus stricte précision et la plus grande netteté, jusqu'à ses extrêmes limites, sans regarder en arrière, sans se préoccuper si l'on choque des principes dans un autre ordre de choses, tel est et tel doit être le résultat de cet examen. Après tout, c'est un résultat qui délivre la raison spéculative de toute équivoque, de toute erreur, qui l'affranchit du doute et de la contradiction (§ 937).

CHAPITRE SECOND

OU L'ON RÉFUTE POINT PAR POINT ET BRIÈVEMENT LES PRINCIPALES ASSERTIONS DU CRITICISME DE KANT

I. — Il n'est pas nécessaire d'entrer ici dans la comparaison du criticisme de Kant avec les divers systèmes philosophiques anciens et modernes ; avec l'idéalisme de Zénon d'Éléa, avec la sceptique de Sextus Empiricus, avec les Écoles des Sophistes et des Académiciens de l'antiquité ; et, dans les temps modernes, avec les doctrines de Hume et de Reid. La vérité nous tient plus au cœur que l'histoire.

Nous commencerons donc, sans nous attarder, la réfutation des doctrines de la Critique de Kant. Dans ce chapitre, nous passerons brièvement en revue les unes après les autres ses diverses assertions ; dans les chapitres qui suivront nous examinerons et réfuterons, avec plus de soin et d'ampleur, les points principaux de son système.

II. — De fait, si l'on considère les principales propositions dont se compose le résultat de son examen, on verra de suite combien ce philosophe s'éloigne de la vérité.

1° Il veut que les impressions de la sensibilité soient *par elles-mêmes aveugles*.

Mais cela n'est pas admissible; parce que, à l'impression reçue dans la sensibilité, répond la sensation. Or, la sensation n'est pas aveugle.

2° Selon Kant, la matière, autour de laquelle roule la sensation externe, est placée en dehors de l'espace et du temps.

Mais ceci est faux; parce que la matière ne se montre aux sens externes que douée de l'extension, avec une forme déterminée; elle apparaît comme une portion de l'espace. De même, elle se montre à nous comme douée de mouvement; et c'est dans ce mouvement que se trouve la raison concrète du temps. Qu'est-ce que pourrait être la matière sensible séparée de l'espace et du temps?

3° En outre, il faut reprendre chez Kant son concept du temps et de l'espace. Il prétend que le temps et l'espace, actualisant les impressions sensibles, sont des formes *pures, à priori*.

Ceci encore est complètement faux. En effet, la forme de l'espace et du temps, qui accompagne la matière sensible, quand elle s'objective, c'est l'espace et le temps concrets, singuliers, sensibles, existants, l'*hic et nunc* de l'École; tandis que l'espace et le temps, *formes pures et à priori,* sont l'espace et le temps intelligibles, abstraits, universels, nécessaires ; ils disent la possibilité, ils disent ce que doivent être le temps et l'espace, si jamais ils existent en dehors de la cause qui les produit ; mais ils ne disent pas l'existence actuelle. Comment pourrait-il se faire que des formes aussi abstraites informent la matière sensible et la rendent objet d'expérience ?

4. Kant enseigne que les formes pures de l'intellect sont de simples apparences, sans significat et sans objet ; qu'elles n'offrent aucune représentation, ni vraie, ni illusoire, qui puisse représenter quelque chose comme existant en soi.

Encore une erreur ; parce que les formes pures de l'intellect représentent à l'esprit l'idéalité, c'est-à-dire la réalité et ses rapports dans l'ordre de l'absolu et du nécessaire ; et elles la représentent comme une chose en soi. En effet, bien que l'idéalité dépende du concept quant à sa représentation, il 'est certain que, quant à sa réalité, elle est parfaitement distincte en elle-même, et indépendante du concept. C'est ainsi que se démontrent la réalité absolue de l'Infini, et la réalité possible des êtres finis ; c'est ainsi que se démontre la loi de l'être, qui exclut absolument le non-être, etc.

Il est certain que les formes pures de l'intellect, en s'offrant, en se montrant à lui, le déterminent *subjectivement et objectivement.* — Subjectivement d'abord, puisqu'elles le déterminent à voir ; et le déterminent de telle manière que l'intellect a conscience qu'il ne peut voir autrement que comme il voit. — Objectivement ensuite, puisqu'elles déterminent l'intellect relativement à la chose en soi ; et le déterminent de telle manière que l'intellect voit vraiment que la chose est en soi, comme il la voit, et qu'elle ne peut être en soi autrement que comme elle est vue.

Or, c'est cette réalité idéale, qui est représentée comme une chose en soi, distincte et indépendante du concept, et qui objectivement détermine l'esprit, qui a la raison d'objet.

Et cette raison d'objet est réelle en soi, et non pas seulement en apparence. Autrement, d'où viendrait-il cet irrésistible et universel besoin de considérer comme un objet réel en soi ce qui n'est nullement réel? — Et puis, si vraiment il n'y a aucune réalité en soi, qui se présente à l'intellect, l'être qui s'offre à l'esprit ne serait donc pas l'être? Et par conséquent le principe de contradiction qui s'appuie sur l'être n'aurait pas une valeur universelle et absolue ? Mais alors il n'y a plus pour l'homme ni objet connu, ni science, ni sujet connaissant ; il ne reste plus qu'un absolu nihilisme.

Il est impossible de soutenir, avec Kant, que ces concepts *à priori* ne servent qu'à ordonner logiquement la matière fournie par les sens. D'abord aucun de ces concepts n'est aveugle; chacun d'eux a un aspect qui lui est propre, et représente une chose qui n'est représentée par aucun autre; ils sont par nature des signes et des expressions de l'esprit; ils ont donc un terme nettement exprimé et signifié; et ce terme ne peut être le néant. De plus, les choses exprimées par les concepts le sont avec ces rapports qu'elles ont entre elles, en dehors de l'esprit humain, comme sont les relations qui existent entre l'effet et la cause, entre l'accident et la substance, entre le fini et l'Absolu, entre les séries des causes intermédiaires et la cause première. Si, dans le sujet des propositions logiques, on ne pouvait découvrir réellement la raison expresse du prédicat, aucun jugement ne saurait être considéré comme vrai.

Il faut admettre néanmoins que les concepts universels servent encore, au moyen précisément de leur universalité, à un arrangement purement logique, c'est-à-dire à la relation qui existe entre les concepts particuliers et universels : par exemple, entre les individus et leur espèce, entre les différentes espèces et leur genre, entre les genres divers et leur genre suprême, entre le sujet et l'attribut dans la proposition, entre les prémisses et la conclusion dans le syllogisme.

5. Kant enseigne que le principe de causalité : *Il n'y a pas d'effet sans cause* est un principe *synthétique à priori :* et bien qu'il exprime, selon lui, une loi du raisonnement, il n'exprime pas une loi de l'être.

Cette doctrine, qui détruit une des lois fondamentales de l'être et de la connaissance, doit être également considérée comme fausse. Nous nous insurgeons contre elle, en disant : *Le principe de causalité est un principe analytique à priori, aussi bien en soi que dans son application, en supposant le commencement ou le changement d'une chose.*

Oui, les deux idées d'effet et de cause, bien que parfaitement distinctes l'une de l'autre, ont néanmoins entre elles une essentielle et mutuelle relation. L'idée d'effet exprime l'être produit, et l'idée de cause exprime l'être produisant. Donc l'effet renferme et réclame une cause, aussi bien que la cause renferme et réclame un effet.

Que le principe de causalité trouve une application nécessaire et universelle en tout ce qui commence ou en tout ce qui se transforme, il est facile de le démontrer. En effet, l'être qui commence ou se transforme présuppose nécessairement et universellement le non-être : Voici donc une proposition analytique à priori : *L'être qui a un commencement est précédé par le non-être.*

Le non-être qui précède le commencement de l'être n'est pas la négation absolue de l'existence actuelle et possible ; c'est-à-dire ce n'en est pas l'absolue répugnance ; car, s'il en était ainsi, l'être ne pourrait jamais commencer. Donc le non-être, tout en niant l'existence actuelle, en affirme cependant la possibilité. Et nous avons ici une autre proposition analytique à priori : *Le non-être, qui précède le commencement de l'être, c'est l'être possible.*

Mais l'être possible, qui précède son existence actuelle, est un être réellement possible ; et cette possibilité réelle doit avoir un fondement *in re*. Et voici une troisième proposition analytique à priori : *Le possible réel a un fondement réel.*

Or le fondement *in re* n'est pas le possible lui-même, qui n'existe pas encore. — Ce n'est pas son existence actuelle, puisque l'être possible précède l'actuel. — Ce n'est pas l'intellect ; car l'intellect découvre le possible, mais ne le crée pas. — Donc le fondement *in re* du possible ne peut être qu'un être, qui ait la force d'actualiser le possible. — Il faut vraiment qu'il en soit ainsi, puisque l'être possible, c'est l'être qui peut être produit. Or, ce qui peut être produit a comme corrélatif essentiel, l'être qui peut produire. Donc le fondement *in re* du possible n'est autre chose que l'être qui le produit, c'est-à-dire sa cause.

Et nous comprenons maintenant comment l'être commencé, le non-être, l'être possible, l'être qui peut être produit, l'être qui produit, sont des termes nécessairement et universellement reliés entre eux; ceci apparaît avec la pleine lumière de l'évidence. Donc là où se trouve l'être commencé, se trouve l'être produit. Et là où se rencontre l'être produit, se rencontre également son corrélatif nécessaire, la cause qui le produit.

6. *L'Absolu est une idée sans réalité.* — Voici une autre assertion de Kant, qui, si elle était admise, ne tendrait à rien moins qu'à ruiner tout l'ordre de la nécessité, à nier la base immobile de tout être, de tout ordre, de tout savoir, de tout amour. La vérité, la voici : L'idée de l'Absolu représente à l'esprit humain, l'être; parce que, en tant qu'elle est une idée, elle doit nécessairement représenter quelque chose. Or elle ne représente pas le néant absolu; donc elle représente l'être.

Évidemment, elle représente l'être, non pas circonscrit par telle ou telle nature déterminée, l'être de l'homme, de la plante, etc.; elle ne représente pas non plus l'être, terme premier, terme dernier de l'abstraction logique; mais elle représente l'être en tant qu'il est *per se* et *a se*, essentiellement subsistant, sans limites, dans toute la plénitude de l'être, selon l'expression de l'École : *Ipsum esse;* terme suprême de la Métaphysique, au-dessus de tous les genres et de toutes les espèces « *quod fortè adhuc viris doctissimis non innotuit* » (Cajet. *De Ente et Essentia.* q. 1).

Or, cet être, qui se manifeste à l'esprit par l'idée de l'Absolu, existe réellement en soi, en acte, et non en puissance. C'est l'Existant, *Celui qui est.* En effet, tout ce qui se présente à l'intellect immédiatement et *per se* possède la raison d'être réel : « *Secundum hoc*, dit saint Thomas, *unumquodque cognoscibile est, in quantum est actu* (ut dicitur in IX Metaph.); *unde ens est proprium objectum intellectus* (1ª. III P. q. X. a. 3). De fait, ce qui n'existe pas, ce qui ne peut pas exister ne saurait être représenté ni saisi par l'intellect : « *Quod contradictionem implicat*, dit le même saint Docteur, *verbum esse non potest, quia nullus intellectus potest illud* (in se) *concipere* (1ª P. q. 25, a. 3) ». Mais l'être absolu immédiatement et *per se* s'offre à l'intellect. Donc l'Absolu a la raison d'être réel.

Or, l'être réel c'est quelque chose qui est capable d'exister. Et ce qui est capable d'exister, c'est un être actuel ou un être possible, c'est-à-dire un être existant en soi ou dans la puissance de la cause qui peut le produire. — Mais l'Absolu ne peut avoir sa raison d'être dans la puissance de la cause qui pourrait le produire, parce qu'alors il serait soumis à une condition, ce qui impliquerait une dépendance ; tandis que l'être absolu n'est soumis à aucune condition, à aucune dépendance : on ne peut lui attribuer que la possibilité intrinsèque, c'est-à-dire la non-répugnance. Et c'est cette possibilité intrinsèque qui constitue dans l'Absolu son existence actuelle : « *In divinis non differt esse et posse* (IV. c. G. c. 24) ».

7. De même Kant enseigne que la Cause première est dans l'esprit une idée sans réalité. Ceci encore est faux, parce que la propriété de Cause première est d'abord une propriété de l'Absolu, ensuite elle est une condition nécessaire du fini. On ne peut donc pas l'appeler une pure idée.

C'est une propriété de l'Absolu; parce que l'efficacité appartient à la perfection de l'être, et que l'absolu dans l'être est par là même l'absolu dans l'efficacité. Donc l'Absolu a une efficacité de causalité complète, première et universelle ; il embrasse dans sa virtualité tout ce qui n'implique pas contradiction, et tout ce qui peut avoir la raison d'effet.

C'est une condition nécessaire du fini; parce que la contingence et l'indétermination se trouvent dans l'existence de tous les êtres finis, dans leur nombre, dans l'usage de leur efficacité. En effet, les êtres finis, considérés en soi, peuvent exister ou ne pas exister, exister en plus ou en moins grand nombre d'espèces, en plus ou en moins grand nombre d'individus d'une même espèce ou d'un même sexe ; leur virtualité aussi ne porte pas essentiellement en soi son usage, ni sa direction vers telle œuvre plutôt que vers telle autre ; et surtout elle ne saurait s'ordonner à ce travail d'ensemble qui fait converger toutes les forces des êtres finis vers un point final qui est l'intérêt de tout l'univers et de chacun des êtres qui le composent.

Si donc les êtres finis, indéterminés par soi, se trouvent déterminés à l'existence, au nombre, à l'ordre, à l'usage de leur efficacité, il est de toute nécessité qu'ils reçoivent cette détermination ; il faut qu'il y ait une cause qui la produise et qui la leur donne. — Et parce qu'il n'est pas possible de remonter indéfiniment dans l'ordre des causes, il faut évidemment une Cause première, produisant les choses finies, sans être produite elle-même.

8. Le *moi* pensant de l'homme est aussi, au dire de Kant, une pure idée, illimitée, absolue, sans réalité. — C'est faux.

Nous pouvons considérer le *moi* pensant, *logiquement*, dans l'ordre de l'abstraction ; — *idéalement*, dans l'ordre de la nécessité et de l'universalité absolues ; — enfin *concrètement* dans l'ordre des faits ; mais, quelle que soit la manière dont nous le considérions, il reste toujours quelque chose de *réel*.

Si on le considère logiquement, dans l'ordre des abstractions, il est certain que le mode d'abstraction en dehors du temps, du changement, de toutes les conditions propres du *moi* individualisé n'est qu'une chose toute logique, sans réalité. Néanmoins, dans ce concept logique du *moi* pensant de l'homme, l'esprit, en mettant de côté toutes les raisons individuelles, et toutes celles qui le différencient des autres individus qui subsistent sous l'humaine nature, ne veut s'arrêter qu'à ce que tous ces individus, en tant qu'individus, ont de commun. — Or ce concept lui-même, bien que d'une manière générale, représente cependant une réalité, c'est-à-dire l'individu humain, quel qu'il soit.

Considéré *idéalement,* le moi pensant est comme le type de ce que sont les individus de l'espèce humaine, dans l'ordre de l'universalité et de la nécessité absolue. Et quoique ce type ne soit qu'un mode représenté dans l'esprit, toutefois il ne manque pas pour cela de réalité. Il est un mode typique de l'éternelle et absolue possibilité et producibilité des individus humains, possibilité basée sur l'éternelle et absolue puissance de Dieu ; il est la raison exemplaire de ce que doivent être ces mêmes individus, au jour de leur production individuelle dans le temps.

Enfin, si vous considérez le *moi*-pensant, concrètement, dans l'ordre des faits, sa réalité, sa contingence, sa limitation, tout cela, vu à la lumière du sens intime, est absolument indéniable. Il faut appeler à son aide toutes les subtilités d'une vaine logique, pour en arriver à nier la réalité de son propre *moi*. Qui donc peut se refuser à admettre cette unité réelle et permanente que chacun sent irrésistiblement dans le fond de sa conscience?

On dira peut-être que, pour concevoir le *moi*-pensant de l'homme, tel qu'il est en vérité, il est nécessaire de le considérer en soi, dans sa pureté et dans son intégrité, le séparant de toutes ses modifications; et regardant son élément primitif et fondamental qui est la pensée, la pensée elle-même, non pas telle ou telle pensée, mais la *pensée*. Or la pensée comprise ainsi universellement n'est autre chose que l'être universel; et l'être universel n'est qu'une idée absolue, illimitée, sans réalité.

Que de confusions et que d'équivoques dans ce raisonnement ! — On confond la chose pensée avec la pensée, et la pensée avec l'être pensant. — On confond l'être, terme dernier de l'analyse logique et de l'abstraction, avec l'être, acte pur et absolu. — On confond ce qui est fondamental et premier de la part de l'être pensant, avec ce qui est fondamental et premier de la part de la chose pensée.

La vérité, la voici : Le *moi*-pensant, qui est

l'homme, est la totalité substantielle de l'homme, totalité qui est finie et passive, parce qu'elle est sujette à modification; totalité qui n'est pas la pensée, mais qui est la source d'où découlent la faculté et l'acte de la pensée. Si on demande ce qu'est la faculté de la pensée, et quel est le mode de son développement, il faut répondre : la faculté de la pensée est une proportion avec l'être, une aptitude destinée à le manifester. C'est d'abord une manifestation confuse de l'être, qui peut analogiquement s'appliquer au fini aussi bien qu'à l'infini. Puis, en se développant, elle reconnaît, comme premier analogat de l'être, l'Absolu, et comme analogats secondaires, communiqués, dépendants, les êtres finis. Mais l'être, l'être infini et l'être fini, tout cela est du côté de la chose pensée et non pas du côté de l'être pensant; tout cela c'est l'objet qui est pensé, et non pas le sujet qui pense.

9. Que faut-il dire maintenant de cet autre point de doctrine, capital dans la critique de Kant, qui prétend que la base et l'origine des intuitions sensibles ne sont autre chose que la sensibilité, et que la base et l'origine des concepts sont la spontanéité de l'intellect ?

Pour comprendre la fausseté de cette assertion, il suffit de distinguer dans les concepts l'entendement et la chose entendue; et dans les intuitions sensibles le sentiment et la chose sentie.

Certes, l'acte de l'entendement est un développement spontané de l'intelligence, et l'acte du sentiment est un développement spontané de la sensibilité.— Mais dans l'acte de l'entendement, et dans l'acte du sentiment, il y a quelque chose en dehors de l'acte et de son terme intrinsèque; et ce quelque chose, c'est l'objet en soi, c'est-à-dire la chose qui est manifestée par l'entendement et le sentiment. L'entendement et le sentiment découvrent et manifestent l'objet, mais ne le produisent pas; parce que l'objet en soi se montre évidemment à l'intellect, se présente à l'intuition du sens, comme une chose qui est en soi, indépendamment de l'entendement et du sentiment. Et puisque c'est l'évidence qui nous démontre cela, il n'y a pas de raison qui puisse aller contre cette démonstration.

De plus, cette spontanéité qui est mise à la base et à l'origine de tout notre savoir, comment pourrait-il se faire qu'elle se développe, si l'on ne veut pas reconnaître l'influence d'une cause, dont elle dépend? Partout où se trouve le développement d'une chose, là aussi se rencontre son *fieri;* et là où est le *fieri* là aussi est le *facere.* Or le *facere* est propre à la cause.

10. Enfin, de tout ce qui a été dit jusqu'ici, on peut reconnaître combien est fausse la proposition finale de Kant au sujet de la raison pure, à savoir que la *Métaphysique,* ou la con-

naissance pure, au-delà du sensible, dans l'ordre de l'absolue nécessité et de l'absolue universalité *n'est pas possible comme science*. En effet, du moment qu'on a établi avec évidence que les concepts purs de l'intellect représentent la réalité ; que les idées de l'Absolu, de la cause première, du *moi*-pensant, représentent elles aussi la réalité ; les jugements analytiques, qui expliquent les concepts, signifient les lois réelles des intelligibles, et, par suite, les lois de l'être en soi. Et quand le mouvement rationnel de l'intellect, grâce à la lumière des principes, développe ce qui est implicitement contenu dans les concepts et dans les jugements, ce mouvement révèle une réalité déjà connue virtuellement et implicitement dans une autre réalité. Donc, il ne manque à la Métaphysique, ni lumière, ni objet réel, pour qu'elle soit possible comme science.

Et puis, comment peut-on nier que la Métaphysique soit une science, alors qu'elle est le fondement de la logique ? Sans concepts universels, il est impossible de former des jugements. Sans la réalité de l'être, le principe de contradiction n'a pas, et ne peut pas avoir d'application réelle ; et sans une réelle application de ce principe, il n'est pas possible ni d'affirmer, ni de nier quoi que ce soit.

Les conditionnels sont impossibles sans l'Absolu; le contingent ne peut exister sans le nécessaire, de même que les commencements et les transformations des choses ne sauraient se produire sans la Cause première, les inhérences seraient inconcevables sans la substance, la pensée et les choses pensées sans le *moi*-pensant. Or si la Métaphysique n'est pas possible comme science de la réalité, c'est donc que l'Absolu n'est pas réel, pas plus que le nécessaire, la Cause première, la substance et le *moi*-pensant. Et si l'Absolu, le nécessaire, la Cause première, la substance, le *moi*-pensant n'ont aucune réalité, alors le conditionnel, le contingent, le principe et l'évolution des choses, la pensée, les choses pensées, les inhérences sont également sans réalité. Que reste-t-il donc pour le savoir ?

Enfin, si vraiment il n'existe rien au-delà du sensible, d'où vient donc ce natif, cet universel, ce noble et sublime instinct, ce besoin vital, qui fait que tous les hommes, de tout temps et de tout lieu, se passionnent pour le monde des idées, pour la recherche de l'origine et du pourquoi des choses, pour la stabilité et le repos dans l'Absolu ? — D'où vient, et à quoi mène la distinction entre le sens et l'intellect ? — La nécessité, l'universalité des concepts et des jugements, les règles pour bien penser et pour bien aimer ne sont certes pas sensibles ; et cependant elles sont accessibles à la raison humaine.

Et cela doit suffire pour tout ce qui regarde la sensibilité et la raison pure.

III. — La première conclusion de la critique de Kant, à savoir que la *Métaphysique n'est pas possible comme science,* a été examinée et réfutée très nettement à la lumière de l'évidence. Il s'agit maintenant d'examiner l'autre conclusion, à savoir que *la science spéculative est possible, pourvu qu'elle se restreigne aux objets qui tombent sous l'expérience des sensibles externes.*

A propos de cette affirmation, Kant a six torts principaux.

1. Le premier tort est de circonscrire la science spéculative tout entière dans les limites des sensibles externes, alors qu'il y a dans l'homme les sensibles internes qui se manifestent au sens intime et à l'intellect avec une certitude immédiate. En effet, nous sommes, nous connaissons, nous aimons ; et nous connaissons et aimons notre être, notre connaissance et notre amour. Nous sentons en nous-mêmes des facultés, des énergies causatives ; et nous sentons que de ces énergies découlent des actes immanents, actes de volonté et d'intelligence, sentiments multiples et divers. Nous sentons en nous les règles pour bien penser et pour bien aimer ; et l'on peut dire que, parmi tout ce que nous connaissons, il n'y a rien qui soit plus évidemment et plus efficacement connu que cela.

2. Le second tort de cette doctrine atteint la nature de notre savoir. Kant veut que notre savoir soit un assemblage d'impressions mystérieuses et aveugles, de formes, de concepts vides, *à priori*. Il en conclut que la nature de la science humaine est d'être une synthèse.

Mais il n'est pas possible que ces éléments séparés entre eux, et dont chacun est inconnu de l'autre, s'unissent et composent notre savoir, si une force commune ne les assemble et ne les unit.

De plus, en aucun de ces éléments, pris séparément, on ne retrouve la raison d'objet et de chose pensée. Selon Kant, les impressions sensibles sont aveugles; les formes de la sensibilité, c'est-à-dire le temps et l'espace; les concepts *à priori* sont sans valeur. Ce sont donc trois *zéros* au point de vue objectif, au point de vue de chose pensée. Comment donc peut-il se faire qu'unis ensemble ils constituent l'objet et la chose pensée ?

Enfin la synthèse qui va de la pluralité à l'unité, l'analyse qui va de l'unité à la pluralité peuvent évidemment servir à la marche de notre savoir. La synthèse, qui est un assemblage ordonné d'espèces nombreuses, peut constituer la forme de notre science; mais elle ne saurait, dans le sens de Kant, en constituer l'acte.

3. Le troisième tort de Kant est d'admettre que l'objet se montre comme réel en soi à notre

connaissance expérimentale, bien qu'en vérité il ne soit qu'*apparemment* réel. Mais s'il en est ainsi tout ce que nous expérimentons et connaissons n'a aucune réalité en dehors de notre expérience et de notre connaissance; cela ne vient pas du dehors, mais de la spontanéité de notre sensibilité. La terre et les cieux, tout ce qui se présente à nous, ne sont que des attitudes diverses de notre expérience et de notre connaissance; et quand l'une et l'autre cessent, *ipso facto* cesse l'existence des choses qui leur sont soumises. Tout est renfermé dans l'apparence de l'expérience et de la connaissance; en soi rien n'existe, la pensée pas plus que le reste.

Mais comment comprendre cette théorie, sans comprendre en même temps qu'elle est la négation évidente de la vérité? En donner une exposition claire est la meilleure et la plus efficace méthode pour la réfuter. — Je veux finir par une courte réflexion.

Cette réalité qui apparaît distincte du *moi*, et qui ne l'est pas, qui semble agir, et qui n'agit pas, qui a l'air d'exister, et qui n'existe pas, ne se justifie par rien, ni au dedans, ni au dehors. Ainsi, en admettant la théorie de Kant, il faut dire que rien n'existe objectivement, tandis qu'en nous-mêmes tout est absolument immanent et un. Où donc alors est la raison d'une telle apparence? Comment ce qui n'existe pas peut-il apparaître, distinct, agissant, existant? Dire que l'apparence apparaît, et qu'en dehors de l'apparence il n'y a rien, cela répugne manifestement ; parce que l'apparence ne saurait montrer ce qui n'est pas, ce qui ne peut pas être.

4. Le quatrième tort de Kant est de nier la réalité de ce par quoi se manifeste le visible ou le phénomène. En effet, si le phénomène n'a aucune réalité, s'il n'existe ni en acte, ni en puissance, il est donc le néant ; car entre l'être et le néant, comme entre le oui et le non, il n'y a pas de milieu : l'un affirme ce que l'autre nie. Or, on ne peut dire que cette apparition, par laquelle se manifeste le phénomène, est un pur néant. Elle est une lumière ; elle informe le sujet qui connaît ; elle le constitue exerçant l'acte de la connaissance, et le détermine à connaître ceci ou cela : c'est la pensée en acte, c'est le concept, le verbe de l'esprit, c'est l'acte lui-même de la connaissance et de l'expérience, achevé au dedans par son propre terme, qui est la vive expression de l'objet. Comment cela peut-il être un pur néant?

5. Le cinquième tort de Kant est d'affirmer la sensation et la pensée sans la réalité de l'être sentant et pensant : selon Kant, en effet, le *moi* sentant et pensant est une pure et vide apparence. Or, il est impossible de réellement sentir et de réellement penser sans

la réalité du *moi* pensant et sentant. La pensée, étant une action réelle, suppose un agent réel.

6. Le dernier tort de Kant est d'affirmer que la science expérimentale est indépendante de la science métaphysique. En effet, les intelligibles de l'ordre métaphysique, c'est-à-dire de l'ordre de la nécessité et de l'universalité, n'ont pas seulement par rapport aux choses sensibles une fonction logique, pour les classifier, pour donner une certaine ordonnance aux jugements et aux raisonnements, mais possèdent de plus la raison de principe. Sans les intelligibles métaphysiques, il n'y a pas pour la connaissance des choses sensibles de base solide, il n'y a pour les juger ni lumière, ni certitude.

IV. — De tout ce que nous avons dit, il est facile de voir quelle est, au sujet des choses, la science admise par Kant, et quelles en sont les conséquences. En vérité, il apparaît alors clairement que sa critique n'est pas un examen : elle est une contradiction, un anéantissement de la raison.

1. La science expérimentale, telle qu'elle est définie par Kant, quant à la pensée et aux choses pensées, est complètement circonscrite par le sujet. Celui qui connaît ne s'extériorise pas par sa connaissance ; il reste renfermé en soi, évolue en soi, il ne regarde que les attitudes diverses et les aspects variés de sa propre spontanéité. — Que si Kant attribue à cette con-

naissance une certaine réalité objective, ce n'est qu'une réalité seulement en apparence et non pas en vérité; car elle est tout entière constituée par des formes subjectives à priori qui n'ont aucune valeur au point de vue de la réalité objective (§ 591). Donc, la science, selon la critique de Kant, est *subjective*.

2. C'est un subjectivisme, dans lequel le *moi* pensant, et par suite la conscience originaire et première, n'est qu'une idée vaine, sans réalité. Les formes du temps et de l'espace sont des formes vides, les concepts purs *à priori* sont des concepts vides, les impressions de la sensibilité sont obscures et aveugles; la réalité en soi n'est pas représentée; la connaissance n'a devant elle que des phénomènes, c'est-à-dire des réalités apparentes et non réelles; et cette apparence n'est même pas réelle. Donc le subjectivisme de Kant est un subjectivisme dans lequel tout est apparence et phénomène; aussi son vrai nom doit-il être *phénoménisme*.

Ni Sénophane, ni Parménide, ni Mélisse, ni Zénon d'Elea, ni Gorgia Léontino ne poussèrent jamais leur doctrine à de telles extrémités. Ils ne nièrent pas l'autorité du sens intime, pas plus que la réalité de la personne. — En vérité, la science, telle qu'elle est définie par la critique de Kant, est un rêve. Écoutez Fichte s'inspirant du criticisme de Kant : « La stabilité, dit-il, n'existe nulle part. Au-dedans comme au-dehors de moi, il y a toujours et partout une éternelle transformation. De l'être je ne sais rien ; je ne sais rien de moi. L'être n'est pas ; moi-même je ne suis pas. Le moi et le non-moi, seules réalités existantes, ne m'apparaissent que comme de vaines images, qui n'expriment aucune ressemblance, qui ne se réfléchissent dans aucun miroir, et dont toute la science n'est encore qu'un semblant de science. — Je ne suis qu'une image confuse, image à demi effacée par une autre image. Autour de moi, la réalité s'est transformée en un rêve bizarre, sans qu'il y ait une vie réelle à rêver, un esprit pour la rêver ; en un rêve, où ce rêve lui-même, se trouve être rêvé. Et de fait ce rêve est l'intuition. C'est la pensée ! La pensée que je considérais comme mon plus noble attribut, comme le but de ma vie, et où je croyais trouver la source même de toute réalité, la pensée elle-même, n'est plus que le rêve de ce rêve. (*Destinée de l'homme*, p. 215). »

3. La conséquence finale, dernier fruit de la critique de Kant, c'est, logiquement parlant, l'anéantissement total de la raison ; pratiquement, c'en est l'absolu discrédit.

Et de fait, selon cette critique, le concept de l'être, et le principe de contradiction qui est basé sur l'être n'ont aucune valeur au point de vue de la réalité objective (§ 219) ; la raison humaine arrive à démontrer avec la même évidence le oui et le non sur la même chose; ses lois sont antithétiques; elle se contredit elle-même (§ 483 *et suiv.*) ; enfin la pensée avec son évidence, l'être pensant, la chose pensée, ces trois éléments essentiels à toute connaissance humaine ne sont pas existants en soi ; ce sont des idées vides et de pures apparences.

Mais si le concept de l'être, qui est le premier concept, et se présuppose essentiellement à tous les autres, si le principe de contradiction qui est la condition de toute proposition affirmative ou négative, n'ont aucune valeur de réalité objective, il n'y a plus de raisonnement, il n'y a plus de jugement qui tienne debout. — A quoi peut aboutir l'intelligence, si la contradiction est en elle? — Qu'est-ce que la connaissance, si l'être qui connaît, si la chose connue, et la connaissance elle-même sont de pures apparences et n'ont rien de réel? Cette annihilation totale de la raison est une conséquence absolument logique du système de Kant, conséquence que pas un esprit sérieux ne voudra adopter, parce qu'il sentira la lumière et la force de sa raison s'y opposer et lui résister.

4. Il y a de plus une conséquence toute pratique qui découle de ce système, la voici : L'homme déjà si enclin par la pente de sa nature aux choses sensibles, si peu habitué et si réfractaire aux choses supra-sensibles, en voyant toutes les atta-

ques dirigées contre la métaphysique, tendra à la mépriser, ou du moins à négliger une si noble et si belle lumière. Ne voyons-nous pas, hélas! à notre époque, la triste prédominance du fait sensible sur l'idée? Soyons bien convaincus que si aujourd'hui la pensée s'en va incertaine, sans règle, capricieusement à travers le domaine de la Métaphysique, et se complaît dans un trop facile dilettantisme, nous le devons à l'influence de la critique de Kant. La philosophie d'aujourd'hui est à l'évolutionnisme, en attendant que, de désespérance en désespérance, elle tombe dans un désolant pessimisme.

5. Et maintenant, il nous est facile de raisonner ici : Une critique, dont le résultat est la négation de ce que tous affirment, forcés par l'évidence de l'intellect et des faits; une critique dont le résultat est l'affirmation de ce que tous nient naturellement et pratiquement et rejettent comme faux, cette critique-là est plus que fausse, elle est insensée. Or, telle est la critique de Kant sur la raison pure. Son résultat final est en opposition avec le sens commun, avec l'évidence native de l'esprit, avec ce que tous disent et font. — Ce résultat ne se retrouve pas dans la réalité de notre connaissance; c'est le produit d'une imagination nuageuse : cette critique a pu échafauder un songe long et fantastique, mais jamais un véritable examen.

CHAPITRE TROISIÈME

SI LA RAISON PURE EST CAPABLE DE REPRÉSENTER LA RÉALITÉ EXISTANT EN SOI

Le but de ce chapitre est de considérer plus attentivement, et avec une méthode plus approfondie, le point le plus important de la critique de Kant, à savoir si la raison pure est capable de représenter la réalité objective existant en soi. — Kant, nous l'avons vu, le nie; il pense que la raison pure est par soi complètement vide, incapable de représenter même la réalité objective *apparente*. Nous, au contraire, nous l'affirmons. Mais il faut examiner d'abord le fait de la connaissance en général, comme elle est dans la nature; parce que c'est ce fait qui va constituer la base de toute notre argumentation.

I. Si l'on considère la connaissance de l'homme dans sa nature vraie et dans sa spontanéité, telle qu'elle est en tous et en chacun de nous, c'est une *lumière*. C'est une lumière intérieure, immanente, vitale. — C'est une lumière essentiellement manifestative. Toutes ces manifestations, qui viennent affecter l'intime de notre âme et qui nous font dire : Je vois, je vois ceci, je vois cela, sont dues à la lumière de la connaissance.

Sans vouloir entrer dans des questions très problématiques sur l'origine de nos connaissances, il est certain, indéniable, que notre connaissance a devant elle quatre classes de choses immédiatement représentées.

(*a*) Elle a devant soi des faits internes : soi-même d'abord, fait absolument premier de la connaissance, le fait lumineux, sans aucun intermédiaire; en se manifestant soi-même, la connaissance manifeste aussi le sujet qui connaît, auquel elle appartient, et d'où elle découle; puis tous les actes, toutes les impressions de notre âme, la causalité du sujet qui connaît, la production et l'inhérence des actes de la connaissance dans l'être qui connaît.

(*b*) Elle a devant soi des faits externes : le ciel, la terre, la mer, les oiseaux de l'air, les poissons de l'océan, tout ce qui existe, tout ce qui se meut et vit sur notre planète.

(*c*) Elle a devant elle les notions logiques que l'esprit se forme en présence de plusieurs individus semblables entre eux, quant à leur nature spécifique ou générique, en considérant en eux ce qu'ils ont d'unité dans la ressemblance, sans s'arrêter à ce qui les distingue et les différencie.

(*d*) Elle a devant soi les raisons idéales, manifestations appartenant à l'ordre de la nécessité absolue, et de l'absolue universalité. Telle est l'idée de l'infini : telles sont encore les idées des finis possibles, c'est-à-dire susceptibles d'être produits ; telles sont enfin les idées typiques, règles et mesures universelles de ce qu'ils devront être, si jamais ils sont appelés à l'existence, les êtres de la nature, nos pensées, nos vouloirs, quant à leur perfection essentielle et accidentelle.

Toutes ces choses, nous les concevons avec les simples concepts de l'esprit. Elles sont immédiatement présentes à notre connaissance, même à la connaissance de ceux qui les nient, car il serait impossible de nier ce que l'on ignorerait complètement.

Or toutes ces choses, présentes à notre connaissance, surtout celles qui appartiennent à la raison pure ou idéale, comment sont-elles appréciées par le jugement naturel, spontané, de notre intellect ? — Sont-elles naturellement regardées comme des réalités objectives ? — Et ici par réalité objectives, nous entendons tout ce qui existe en soi, ou tout ce qui, indépendamment de notre connaissance, a une relation, un rapport quelconque avec l'existence en soi.

Quant aux faits internes et externes, il n'y a pas de doute, pas même pour Kant, qu'ils sont évidemment regardés comme existants en soi par le jugement naturel et spontané. Et de fait c'est ainsi que nous apprécions notre connaissance, le *moi* connaissant, sa causalité vis-à-vis de notre propre connaissance, l'inhérence de la connaissance au *moi* connaissant; c'est ainsi également que nous apprécions toutes ces opérations, toutes ces transformations qui se produisent en nous. Et nous estimons comme impossible, que des faits, ainsi présents au sens intime, n'existent pas réellement en soi, à l'heure où ils nous sont présents.

Bien que les faits externes n'aient pas cette intime certitude de réalité qui ont les faits internes; néanmoins tous, avec notre jugement naturel, nous les regardons comme existants en soi. Et nous estimons que de même que la connaissance qui nous les fait connaître existe réellement en nous, ainsi ces faits existent réellement en soi, en dehors de nous. Nous avons l'invincible conviction que si nous cessions de les percevoir, ils ne cesseraient pas pour cela d'exister.

Quant aux notions logiques, nous considérons comme réelles les natures qu'elles représentent, parce que, dans tous les langages, on les applique à des choses existantes et qu'elles servent à coordonner nos concepts et jugements. Elles ont donc un rapport avec la réalité.

Si nous passons aux raisons idéales, nous verrons de suite qu'il y a dans le fond de l'homme une certaine résistance à la négation de l'Absolu : « Athées et Déistes, Dogmatistes et Pyrrhoniens, dit d'Alembert (*Explications sur les éléments de philosophie*, § 3) sont contraints d'admettre au moins un seul être existant et, par conséquent, un être qui ait toujours existé ; et tous se perdent dans cet abîme immense. » Or, c'est dans cette résistance native à la négation de l'Absolu ; dans cette force irrésistible qui nous force à reconnaître l'être toujours existant, que se trouve le jugement naturel et spontané, qui, dans la raison idéale de l'Absolu, reconnaît sa réalité objective.

De même, quand, en voyant les individus existants, qui ne furent pas éternellement, nous concluons à leur possibilité, cette possibilité est naturellement jugée comme nécessaire et éternelle, indépendamment de notre jugement.

Enfin, il est avéré que nous nous servons naturellement des types et des règles nécessaires, immuables, universelles, pour juger les choses en elle-même, pour examiner la rectitude de la pensée et du vouloir, pour apprécier ce qui est vrai ou faux, bon ou mal, honnête ou honteux. Et qu'est-ce que sont ces lois éternelles du droit et du devoir, sinon les règles nécessaires, immuables, de ce que doivent être les relations des hommes entre eux ? Nous jugeons donc naturellement qu'il y a dans ces règles une relation avec la réalité. Nous ne jugeons pas seulement que nous sommes dans l'absolue nécessité de croire que deux et trois font cinq; mais nous jugeons que cela doit être ainsi indépendamment de notre jugement.

Dans le fond de ce jugement de la nature pour la réalité objective, se retrouve un sens irréfragable, placé au milieu de notre intellect. Il nous fait sentir que notre entendement est l'expression de l'objet en soi, et que ce n'est pas l'objet lui-même; — que l'objet exprimé est la vérité, l'être; qu'il n'est pas le néant, c'est-à-dire la négation de l'être actuel et possible; parce que, dans le néant, il n'y a rien qui puisse s'éclairer par soi; et si nous comprenons le néant, cela ne peut se faire que par la force de l'être, auquel il est opposé. — Ce sens nous fait encore sentir que, dans notre entendement de l'objet, nous avons un rôle passif, dépendant de son action et de sa détermination; — qu'enfin, bien que ces objets dépendent de notre intellect en tant qu'ils se manifestent à lui, néanmoins ils sont indépendants, quant à leur détermination, quant à l'aspect objectif particulier sous lequel ils se montrent à nous. C'est bien notre intellect qui découvre cet aspect, mais son être en soi n'est pas créé par lui.

Tel est le jugement naturel, spontané sur la

connaissance de l'homme. Il est antérieur à toute explication ou interprétation de la philosophie; il est dégagé de tout esprit de système. — Le critique, malgré certaines difficultés, certaines oppositions apparentes, doit savoir s'y soumettre; parce que le jugement naturel est une détermination nécessaire, une règle première. Le rôle de tout examen philosophique, qui est un jugement réflexe et personnel, est d'être un reflet du jugement direct de la nature. Et il ne peut y avoir de repos pour cet examen s'il ne réfléchit pas ce que la nature enseigne.

II. — Kant nous répondra que dans cet examen il faut considérer le jugement de la nature dans sa racine et non pas dans ses excroissances, qui peuvent être des illusions d'une seconde nature. Or, dans le cas qui nous occupe, le jugement de la nature, rigoureusement parlant, c'est que la connaissance, dans sa racine, doit se résoudre tout entière en une apparence subjective. En effet, la connaissance dans son acte, dans son terme formel et immédiat, étant immanente, et toute renfermée en elle-même, celui qui connaît peut certainement dire: *Je connais telle chose; et cette chose que je connais, je connais qu'elle est en soi comme je la connais : — puisque c'est ainsi qu'elle apparaît à ma connaissance.* — Néanmoins qui lui dit que la chose connue est réellement ainsi, en dehors de sa connaissance, qui n'est jamais sortie d'elle-même et qui ne peut pas en sortir? Nous devons donc nous soumettre à l'apparence et nous en tenir là.

A cet argument capital (1), qu'on retrouve dans les Sceptiques, dans les Subjectivistes, dans les Idéalistes, et dans le moderne Panégoïsme, et qui est l'éternel patrimoine de l'éternelle Sophistique, voici trois réponses que l'on peut faire.

La première réponse est celle-ci : les jugements de la nature ne peuvent pas légitimement être infirmés par les jugements d'une réflexion toute personnelle, qui n'est pas réglée par la

---

(1) Voyez *Sextus Empiricus*, liv. VII. I. *adversus logicos*. pp. 385 et s. — Voici à ce propos les paroles de Fichte : « Comment une science des choses peut-elle être possible du moment que la chose s'ignore elle-même? Comment moi qui ne suis pas du tout la chose, qui ne suis pas une modification de la chose, puisque les modifications de la chose ne peuvent apparaître que dans le cercle même de l'existence de la chose, et non pas dans le cercle de ma propre existence, comment moi, dis-je, puis-je avoir conscience de la chose? Par quel moyen la chose vient-elle à moi? Où est le lien entre moi, le sujet qui sais, l'objet que je sais, et la chose elle-même? Quand je suis moi-même ce que je sais, il n'y a pas de difficulté. Je me connais uniquement parce que je suis un être intelligible. Je sais ce que je suis parce que je le suis. Si je connais ce qu'immédiatement je sais être, je le sais seulement parce que je le sais. Je n'ai aucun besoin d'un lien étranger entre le sujet et l'objet : ma propre nature est ce lien; c'est moi qui suis en même temps le sujet et l'objet. Or, cette subjectivité objective, cette objectivité subjective, cette identité de l'objet de la science avec celui qui possède la science, c'est précisément cela que j'entends signifier par cette expression Moi » (*Destinée de l'Homme*. Traduction française de Barchon de Penhoen, page 160).

réalité. Ceux-ci ne nous offrent qu'une détermination arbitraire, hasardée, composition bâtarde de nos syllogismes défectueux ; tandis que les premiers ont une détermination sincère, intime, irréfutable; ils sont l'œuvre et le travail propres de la nature.

Or, le jugement de la nature nous dit que l'objectivité externe appartient à la connaissance de l'homme ; et c'est le jugement de la réflexion personnelle, en contradiction avec la nature, qui nous dit au contraire que cette objectivité est toute phénoménale et subjective.

La seconde réponse, la voici : l'objectivité externe de notre connaissance est un fait que tous admettent, sous la force irrésistible de l'évidence. Cette objectivité ne peut exister sans un trait d'union entre la connaissance et la réalité externe. En effet, l'objectivité ne signifie pas autre chose qu'une relation de présentialité ; par cette présentialité, la réalité a l'*esse cognitum*, elle se présente, elle s'unit et se fait voir à celui qui connaît. Donc cette union, elle aussi, est un fait que, par la force du premier fait, tous doivent admettre, sous peine de nier l'évidence.

Si maintenant l'on demande comment se produit cette union, il faut répondre que ce n'est sûrement pas par identité, puisque l'objet est en soi, en dehors de toute connaissance ; c'est donc par voie de relation.

Si l'on demande encore sur quoi se base cette relation, si c'est sur la ressemblance, sur l'action, sur la passion, ou sur des modes inconnus de nous, ici on ne peut pas répondre avec une pleine évidence; et il n'y a là rien qui puisse nous surprendre. Si les unions des êtres sensibles entre eux, par exemple, des éléments divers dans les composés chimiques, si les unions du corps et de l'âme, du moteur et du mobile, sont déjà si obscures et si malaisées à définir, que faut-il dire de l'union entre l'intellect et la réalité externe ?

Le tort des Sophistes, dans cette argumentation, c'est de vouloir, laissant de côté le fait, substituer l'obscurité à l'évidence, et faire tous leurs efforts pour anéantir l'évidence par l'obscurité. « *Vos autem*, disait Cicéron contre les Épicuriens (IV. *De finibus-24*), *cum perspicuis dubia debeatis illustrare, dubiis perspicua conamini tollere.* »

La troisième réponse est celle-ci : l'objectivité réelle convient essentiellement aux concepts simples de l'intellect, ainsi qu'aux jugements immédiats et médiats, qui ont avec les simples concepts une évidente connexion : il n'y a pas un acte de la connaissance humaine, même quand elle juge et se trompe, qui puisse représenter ou être absolument en dehors de l'objectivité réelle.

Et c'est vraiment ainsi qu'il en est. L'acte de l'intellect est une lumière, c'est une manifestation, c'est une expression; si l'intellect n'exprime rien, c'est qu'il n'entend rien.

C'est une expression *réelle;* parce que chacun sent son entendement, et sent en lui une expression illuminative qui actualise et perfectionne l'intelligence; par conséquent, cette expression illuminative n'est pas, et ne peut pas être le néant : c'est l'objet en tant qu'il est objet.

C'est une expression réelle; donc c'est un *signe,* c'est une *relation réelle.* Son essence est d'être ordonnée à établir un rapport avec quelque chose en soi. Le fait d'exprimer et de ne pas exprimer en même temps quelque chose, comme un objet existant en soi serait une contradiction manifeste.

Cette expression est un signe, une relation réelle; donc *le terme auquel elle se rapporte est réel,* parce que la relation réelle, en tant qu'elle est réelle, exige essentiellement un terme réel. Et de fait, dans ces concepts simples de l'intellect, qu'ils soient notions logiques ou raisons idéales, nous sentons qu'il y a quelque chose de représenté, *un quid capax existendi* indépendant de notre concept, qui le représente. — Et si ce n'est pas l'Être existant par soi, c'est au moins l'être qui peut exister; ce n'est pas le néant absolu, ce n'est pas la négation de ce qui est et de ce qui peut être. — Et si ce quelque *chose* ne peut pas exister de la manière qu'il se présente à l'intellect, avec son caractère d'universalité et de nécessité, il a au moins un rapport avec la réalité; c'est une raison typique qui trouve sa réalité et dans l'Absolu dont elle représente un mode de participation, et dans le fini, dont elle est une loi.

Cette expression est un signe, c'est une relation réelle, *et le terme auquel elle se rapporte est réellement en soi, comme il se présente dans le rapport;* parce que cette expression est, par sa propre essence, *secundum quod ipsa*, ordonnée à exprimer une chose réelle en soi. Or, si ce qui exprime cette expression n'était pas réellement en soi comme il est exprimé, l'expression ne serait pas essentiellement ordonnée à exprimer quelque chose de réel en soi; et par conséquent l'expression qui est le concept du réel exprimerait et n'exprimerait pas en même temps une chose réelle en soi.

Donc le concept simple de l'intellect représente essentiellement la réalité en soi, comme elle est; et cette proposition : *Objectum intellectus est ens*, est analytique, à priori, produite par la seule analyse et la seule définition du simple concept. Et de fait, dans la raison de l'*entendement* est impliquée celle de l'*expression;* et dans la raison de l'expression, celle de *terme réel*,

C'est pourquoi, comme on l'a dit, l'*expression est un rapport réel*; et le *rapport réel* exige un terme réel.

Ensuite, l'objectivité réelle, qui appartient essentiellement aux concepts simples, appartient encore aux jugements immédiats, qui découlent par voie d'analyse des simples concepts; elle appartient aussi aux jugements médiats déduits eux aussi par voie d'analyse des jugements immédiats. Etant donné que tous les jugements analytiques sont compris dans le simple concept, leur réalité objective n'est qu'un développement de ce qui est contenu dans la réalité objective du concept.

Telle est la clarté de la réalité objective, des simples concepts et de leurs dérivés, que l'intellect ne saurait la considérer sans être immédiatement subjugué et convaincu par elle. Il n'y a personne qui ne puisse, après avoir considéré le concept de l'être, adhérer à cette proposition : *Il existe quelque chose;—ou à cette autre : Ce qui est ne peut pas en même temps être et ne pas être.* Le dissentiment peut bien exister sur les lèvres, mais dans l'esprit jamais. « *Quædam adeo vera sunt*, dit saint Thomas (*Post. Analyt. lib. I, lect. 19*) *quod eorum opposita intellectu capi non possunt ; et ideo interiori ratione eis obviari non potest, sed solum exteriori, quæ est per vocem.* »

Telle est de plus la détermination de l'intellect par rapport à la réalité en soi, que, bien que le jugement puisse se tromper dans ces propositions qui n'ont pas une connexion évidente et intrinsèque avec les simples concepts; cependant les termes simples qui les composent ne peuvent que représenter ce qui est ou ce qui peut être. Ce qui est faux ne se comprend pas, et ne peut se comprendre dans le néant; il ne s'entend que dans l'être.

Pour conclure, il faut répondre ceci : En admettant que l'entendement, acte immanent, ne puisse s'extérioriser, et entrer en contact physique avec l'objet extrinsèque et le pénétrer; toutefois l'entendement, étant une expression, peut sortir de lui-même, comme le fait le démontre, par voie de relation et d'expression vivante.

CHAPITRE QUATRIÈME

LE FONDEMENT, LES RÈGLES, LE PROCÉDÉ DE LA CRITIQUE DE KANT

Après avoir considéré et réfuté le résultat de la critique de Kant, il faut maintenant examiner le chemin qu'il parcourt pour arriver à ce résultat. Il est impossible de bien comprendre l'erreur, si l'on ne se rend pas un compte exact de sa marche.

I. — Kant commence par le doute universel, surtout au sujet de la raison pure ; il doute de ses concepts, de ses principes, de ses conclusions *pures et à priori*. Le doute de Kant n'est pas un doute méthodique, une sorte de fiction logique, dont le but serait de mieux réaliser sa connaissance ; c'est un doute réel, sincère, et, comme disent ses disciples, consciencieux. Ce doute est le principe et le fondement du criticisme de Kant.

Mais en vérité un semblable doute est une abstraction fantastique, c'est une impossibilité pour l'intellect. Le moi qui pense, et qui existe, la proportion et l'accord qui existent entre l'évidence de l'intellect et la réalité, le principe de contradiction considéré comme une loi de l'esprit et de l'être, etc., tout cela est tellement vrai, tellement certain, si évident que personne n'en saurait douter. Intrinsèquement et nécessairement, la nature nous pousse à admettre ces choses, et leur évidence nous fixe et nous détermine.

Une fois le doute de Kant admis, où est le sujet qui critique? Sur quoi la matière sur laquelle la critique doit se porter? Quelles sont les règles qui la dirigeront? — La critique étant un jugement en mouvement, et ce jugement en mouvement exigeant certaines connaissances préalables, c'est-à-dire des principes premiers et immuables, si l'on admet le doute universel, comment ces exigences pourront-elles être remplies? Et, puisque le doute est une suspension d'assentiment, où donc la raison qui doute pourra-t-elle trouver un motif pour sortir de son doute et pour accorder son assentiment? — De même que celui qui ferme les yeux ne peut rien voir, ainsi celui qui doute de tout ne peut rien examiner.

Mais admettons que Kant reconnaisse la raison pure avec ses concepts et ses jugements comme un postulat (§ 24), c'est-à-dire comme un ordre de connaissances dont la démonstration n'est pas faite, mais qu'il faut supposer comme prouvées, pour pouvoir ensuite examiner ce qu'elles valent, il s'en suivra que tout, dans la raison pure, sera un postulat; il n'y aura en elle rien de certain, rien de démontré. Mais alors où sera la lumière, où sera la règle qui nous permettra de faire l'examen et la démonstration de la raison pure?

II. — Quant aux règles de la critique de Kant, elles sont au nombre de deux : la première est établie pour démontrer que la matière de la connaissance humaine se trouve seulement dans les impressions de la sensibilité. Voici sa formule: *Nihil est in intellectu, si prius non fuerit in sensu* (*Intr.* § 1). — La seconde règle, que nous pouvons déduire d'après ce que dit Kant, sert à établir que l'intellect ne sort pas de soi, qu'il ne peut connaître que ce qui apparaît au-dedans de soi, ce qui a l'*esse intellectum*, et qui ne forme avec l'intellect qu'une seule et même chose. Nous pouvons ainsi formuler ce second principe : *Nihil intellectus intelligit, nisi sibi ipsi fuerit idem.*

Or, la première règle est vraie pour la connaissance des faits externes; par exemple quand il s'agit d'établir le nombre et l'ordonnance des étoiles au firmament des cieux. Il est encore vrai que le développement de notre raison prend son origine dans les choses sensibles. Mais vouloir enfermer dans cette loi tout ce que l'homme peut connaître; prétendre qu'en dehors des choses sensibles il n'y ait rien d'accessible à sa connaissance, ceci est faux. Car au delà des sensibles externes, il y a les sensibles internes; au delà des sensibles externes ou internes, il y a l'ordre des notions logiques; et au delà de ces notions l'ordre de l'absolue nécessité et de l'absolue universalité, c'est-à-dire l'ordre des raisons idéales; il y a l'Absolu, l'incommensurable Réalité.

La seconde règle n'est pas moins fausse que la première. Il n'y a qu'une seule chose dans la connaissance de l'homme, où se trouve l'identité entre la connaissance et l'objet connu, c'est la connaissance elle-même; de même que l'amour en aimant s'aime soi-même sans rien autre, ainsi la connaissance, en connaissant, se connaît soi-même sans rien autre. Mais pour tout le reste, y compris la substance de celui qui connaît, la connaissance est essentiellement relative; elle se fait, comme nous l'avons dit, par voie de forme relative, laquelle est l'entendement lui-même terminé par le concept. Cet entendement, dit Aristote (*De memoria et reminiscentia, cap. I*) « *quatenus aliud refert, est quasi imago et monumentum* ».

III. — Enfin, le procédé général de la critique de Kant est dogmatique, est sophistique; c'est le rationalisme absolu.

(*a*) Selon lui, le doute doit être absolu ; — notre connaissance est limitée par les objets qui affectent nos sens ; — il est nécessaire que la chose s'identifie avec l'intellect, pour qu'elle soit connue en soi ; — la synthèse des impressions sensibles, et des formes du temps et de l'espace, ainsi que des concepts purs, constitue l'objet et la chose pensée, etc., toutes ces propositions et beaucoup d'autres sont acceptées par Kant, comme des dogmes de foi, qu'il se garde bien de prouver. Son procédé est donc dogmatique.

(*b*) Et, une fois ces maximes établies comme principes, Kant se fie tout entier à la force du raisonnement. Il ne considère pas, il ne scrute pas le fait de la connaissance ; pour lui, la critique n'est pas un jugement réflexe qui doive répondre à ce fait. Or ceci est le procédé propre du *rationalisme absolu*, qui, tout imprégné d'un esprit de système, s'exile, comme un enfant prodigue, loin du pays de la réalité. De la réalité il ne veut connaître que ce qui s'accorde avec ses principes et avec leurs conséquences.

(*c*) Enfin, le procédé de Kant, c'est un procédé tout sophistique. Dans ce procédé en effet la réflexion n'est qu'une révolte contre le fait de la nature ; c'est l'obscur qui est préféré à l'évident ; c'est le principe indépendant qui est soumis aux calculs des conclusions ; c'est la raison, dont la valeur est mise en question, qui est reconnue comme valide pour se juger elle-même.

Ajoutez à tout cela une recherche laborieuse, ingénieuse et très subtile, bien que médiocrement coordonnée; un langage obscur, insolite, rempli d'équivoques. Tel est le procédé suivi par Kant dans sa critique.

En vérité, c'est sa méthode qui l'a perdu; en voulant tout d'abord composer la raison et l'expérience, il a fini par perdre l'une et l'autre.

Son doute positif sur la valeur de la raison, son principe, selon lequel l'intellect n'atteint pas la réalité en soi, s'il ne s'identifie pas avec elle, sont les gouffres qui l'ont englouti.

Examinons maintenant les arguments que l'on peut apporter en faveur de la critique de Kant.

CHAPITRE CINQUIÈME

ARGUMENTS EN FAVEUR DE LA CRITIQUE DE KANT

Premières objections. — Si la doctrine contenue dans la critique de Kant est vraiment telle que nous l'avons jugée dans ce travail, comment expliquer alors sa grande, son universelle, sa durable influence? Kant est le père de la philosophie moderne.

Réponse. — D'abord ceci s'explique en raison de la nouveauté. De plus, cette doctrine arrivait à une époque distraite, fatiguée, remplie d'agitations ; les partisans de tous les systèmes aussi bien du sensisme et de l'idéalisme que de ceux qui rêvent l'accord entre l'un et l'autre, selon leur manière particulière de voir, trouvent dans la critique de Kant un appui et un secours. Quant aux sceptiques et aux amateurs de rêverie, ils y reconnaissent leur plus ferme soutien. Voilà les raisons qui firent la fortune et le succès de cette philosophie.

Deuxième objection. — Quand on juge les hommes, auxquels on doit un progrès, il faut s'attacher davantage au résultat final qu'ils ont obtenu, qu'à l'impétuosité de leur élan et à la violence de leur attaque. Or, le résultat final de la critique de Kant, c'est que les objets du savoir humain doivent être les sensibles, et non pas les intelligibles; et ce résultat est excellent.

Réponse. — Les objets réels du savoir humain, si ce sont des faits externes, doivent être représentés par le sens externe; si ce sont des faits internes, par le sens interne; si ce sont des notions logiques, par l'intellect, en tant que puissance d'abstraction; si ce sont des raisons idéales, par ce même intellect, en tant qu'il est une image, une ressemblance, une participation de l'Absolu. Or, étant donné que les facultés représentatives des objets sont diverses et multiples, comment les seuls sensibles seraient-ils accessibles au savoir humain? Il faut que toutes les forces vives de l'homme entrent en jeu de concert, et que, parmi elles, les forces supérieures soient les plus cultivées.

Troisième objection. — La raison qui limite la connaissance de l'homme aux seuls sensibles est celle-ci : quand cette connaissance veut aller au delà, elle se perd et ne fait aucun progrès; il n'y a de sciences exactes et susceptibles de progrès que dans l'ordre des sensibles.

Réponse. — Ici l'on déplace la question, en confondant la facilité et l'ordre dans la marche de la connaissance avec les choses à connaître. J'admets que le premier enseignement et la première école de l'intellect sont les choses sensibles, parce qu'elles lui sont plus obvies, parce qu'elles apparaissent à la connaissance de l'homme avant toutes les autres, et qu'elles font sur lui une plus puissante impression. Mais il ne faut pas nous y enfermer, car nos facultés natives sont faites pour quelque chose de plus et de mieux. C'est pourquoi de la considération des faits externes, nous devons nous élever à celle des faits internes; et puis, par la force d'abstraction, s'élever à la connaissance des notions logiques, pour arriver enfin, par la puissance de réflexion, jusqu'aux raisons idéales. Si les faits externes ou internes, après avoir été perçus, ne sont pas soumis à la lumière des notions logiques, nous ne pouvons pas leur assigner un attribut, car le fait ne peut être le prédicat du fait ; et si nos jugements ne sont pas examinés à la lumière des raisons idéales, nous ne pouvons pas justement ni les évaluer, ni les établir avec certitude. C'est grâce à la puissance des raisons idéales que l'intellect découvre les raisons intimes et cachées des natures existantes, leur origine et le but de leur existence. La connaissance de l'Absolu, et des modes par lesquels l'Absolu peut se communiquer au dehors, est la base et le couronnement du savoir.

Quatrième objection. — On trouve de nombreux points de ressemblance entre l'École et le criticisme de Kant. — Tous deux admettent que l'objet réel de la connaissance humaine consiste seulement dans les choses sensibles; que les impressions sensibles sont distinctes des concepts purs; que ceux-ci n'ont de réalité objective que s'ils sont confrontés avec les sensibles (Cf. 1ª P. q. 84, a 7,8 — Cf. Cajétan); que l'origine des concepts est l'activité intellectuelle. Or, comment l'École peut-elle blâmer la doctrine de Kant, alors qu'il y a tant de points doctrinaux qui leur sont communs ?

Réponse. — Cette prétendue ressemblance provient d'une fausse interprétation de la doctrine de l'École. Quand l'École enseigne que l'essence des choses matérielles est l'objet de la connaissance humaine, elle entend par là que, de toutes les substances existantes, seules les substances sensibles, dans l'état présent des choses, peuvent *quidditativement* être connues par l'intellect de l'homme; les autres ne sont connues que par une certaine analogie avec les substances sensibles.

Il n'est pas vrai que l'École enseigne que les seuls sensibles soient représentés à l'esprit, comme des objets réels : « *Licet intellectus operatio*, dit saint Thomas (1ª P. q. 75, a. 4, ad 4ᵘᵐ) *oriatur a sensu, tamen in re apprehensa per sensum, intellectus multa cognoscit, quæ sensus percipere non potest.* » — Et quelques questions plus loin, il en donne la raison : « *Sensitiva cognitio, non est sola causa intellectualis cognitionis. Et ideo non est mirum, si intellectualis cognitio ultra sensitivam se extendat* (1 P. q. 84, a. 6, ad 3um. — V. Qq. dd. q, VI de Malo ar. un. ad 18um, — et de Veritate, qu. X. a VII ad 1um).

De même quand on dit que les jugements de la raison, pour être vrais, doivent être contrôlés par le témoignage des sens, cela doit s'entendre des jugements qui ont rapport aux sensibles, et aux notions que l'on en tire.

Il est vrai que l'École admet des raisons idéales, absolument universelles, nécessaires et éternelles, mais elle n'enlève pas à ces raisons la réalité externe, puisqu'elle les établit toutes dans l'Absolu. « *Veritates æternæ fundantur in aliquo æterno. Fundantur autem in ipsa prima veritate, sicut in causa contentiva omnis veritatis* (C. G. liv. II. c. 84.) »

Si l'École regarde les concepts de l'esprit comme des productions spontanées de son activité, cela doit s'entendre non pas de la chose elle-même représentée par le concept, mais du concept lui-même, qui est une détermination intrinsèque de l'esprit, et l'expression de la chose.

Cinquième objection. — Mais est-il vrai que la doctrine de Kant soit aussi absurde qu'on le dit? Tout est immanent dans la connaissance, la faculté, l'acte, le terme formel de l'acte. On peut donc dire : — *Je connais la chose; — la chose m'apparaît être en soi comme je la vois. Mais qu'elle soit réellement en soi comme je le vois, cela je ne puis le dire;* parce que ce serait le passage du sujet à la réalité existant en soi en dehors du sujet.

Réponse. — La proportion et l'accord de l'intellect avec l'être, et par suite le caractère objectif de l'intellect relativement à la réalité externe, est une vérité première, antérieure à l'immanence totale de la pensée. Or une prémisse première ne saurait être légitimement combattue par une prémisse secondaire. C'est pourquoi l'on ne doit pas dire : si la pensée est immanente, comment peut-elle connaître la réalité externe? — Mais on doit dire au contraire : *si la pensée connaît la réalité externe, comment peut-elle être immanente?* — Et alors, on doit, ou nier l'immanence totale de la pensée, en lui attribuant une force translative d'union et de pénétration, ou bien reconnaître, comme nous le faisons, la complète immanence de la pensée, en niant la nécessité du passage. En effet, dans le pensée, il n'y a point passage vers l'objet, qui lui est extérieur, mais il y a relation : la pensée par sa nature propre est l'expression vitale de la chose en soi.

Sixième objection. — Mais l'être de la connaissance n'est donc pas intrinsèquement et complètement une apparence. Où se trouve alors sa réalité?

Réponse. — Si, il y a une apparence; mais c'est une apparence qui répond à la réalité des choses en soi. On appelle ordinairement cette apparence *image, similitude, espèce expresse,* mais ce serait plus exact de l'appeler *expression,* parce que ce terme dit mieux ce qu'est l'apparence, c'est-à-dire une *relation,* un rapport mental de ce qu'est la chose.

Septième objection. — Mais l'universalité, la nécessité, qui sont des notions tout à fait logiques, s'appliquent au concept. Donc, le concept lui aussi appartient complètement à l'ordre logique.

Réponse. — Dans le concept, il y a la chose exprimée, et il y a les modes de nécessité et d'universalité par lesquels la chose est exprimée. La chose exprimée par soi est toujours réelle; parce que le réel seul peut s'exprimer. Mais *la nécessité et l'universalité,* en tant qu'elles signifient abstraction de toute contingence et de toutes conditions individuantes, ou encore l'universalité, en tant qu'elle indique le rapport de telle ou telle nature à plusieurs individus univoquement semblables entre eux, sont des modes tout à fait logiques — par exemple, le rapport de la nature humaine abstraite avec tous les hommes pris ensemble ou en particulier. Que si la nécessité, l'immutabilité, l'éternité, l'universalité, signifient objectivement l'exigence nécessaire, immuable, éternelle, universelle, qui veut que la raison exprimée, soit de telle ou telle manière, et non pas autrement, alors ce sont des modes réels appartenant à la raison elle-même, qui est représentée.

Huitième objection. — Mais l'intellect est un vrai producteur de chimères, de choses qui ne sont pas, de faussetés. Donc, on ne peut pas dire que le réel soit par soi l'objet de l'intellect.

Réponse. — Telle est l'argument de Gorgia Léontino : l'homme qui vole dans les airs, la voiture qui roule à la surface des eaux, tout en étant des choses pensées par moi, n'existent pas cependant : « *non ergo cogitatur id quod est* » (Sextus Empiricus VII. I adv. Logicos. p. 386). — A ceci, on répond :

L'intellect a pour objet le réel représenté par le concept simple, ou par toute autre pensée qui, immédiatement ou médiatement, se rattache avec nécessité et évidence au simple concept. Or, le fait de voler dans les airs n'a pas avec l'homme une connexion nécessaire, pas plus que le fait de rouler à la surface des eaux pour les voitures n'a avec les voitures une connexion nécessaire. Ce sont des compositions de l'esprit, compositions absolument fictives et arbitraires. On n'y pense pas comme à des choses réelles en soi, mais comme à des produits de notre imagination. Cela dit, le tout en admettant que les compositions ci-dessus invoquées manquent de réalité, il faut cependant admettre que les termes dont elles se composent : *l'homme, l'action de voler, la course des voitures, la mer* sont réels en fait. Et si ces termes n'étaient même pas réels *en fait*, ils le seraient toujours quant à leur *possibilité*.

Neuvième objection. — La raison pure ne peut avoir aucune valeur pour la réalité. Elle est antithétique ; sur la même chose elle dit le oui et le non ; elle se contredit elle-même. Donc elle n'est pas, et ne peut pas être la lumière du vrai.

Réponse. — Que la base même de la raison pure soit régie par des lois réellement contraires entre elles, cela n'est pas, cela ne peut pas être. Il ne peut se faire que l'évidence des simples concepts et de ces jugements, qui ont une connexion nécessaire, intrinsèque, évidente avec les simples concepts, dise le oui et le non sur la même chose, en même temps et selon la même raison formelle ; parce que l'évidence en ces concepts est nécessairement et évidemment déterminée et déterminante : par exemple, l'antinomie n'est pas possible dans les définitions du simple concept de l'être, de la substance, etc., dans le principe de contradiction, d'identité, etc.

L'antinomie, quand elle se présente, c'est l'affirmation et la négation d'une même chose, c'est-à-dire le néant, le néant de l'objet d'abord, et par suite le néant de l'évidence; car l'évidence est impossible sans l'objet qu'il s'agit de voir.

La seule chose que l'on puisse admettre au sujet des antinomies est celle-ci : il y a certaines conclusions dans la connaissance humaine qui peuvent servir comme prémisses pour établir d'autres conclusions opposées à des déductions légitimement tirées d'autres prémisses. Un exemple éclairera notre pensée :

Dieu est immuable — Dieu est cause libre; voilà deux conclusions déduites de la perfection absolue de Dieu. Or, l'intellect de l'homme peut s'en servir comme de prémisses, et conclure de l'immutabilité de Dieu que Dieu n'est pas libre; et nous avons alors une antinomie qu'on peut exprimer ainsi : *Dieu est cause libre,* parce qu'il est l'absolue perfection; *Dieu n'est pas libre,* parce qu'il est immuable.

Or, de semblables antinomies ne sont pas, comme le dit Kant, des lois antithétiques essentielles de la raison pure de l'homme. Celle-ci est destinée à manifester l'être, et ne saurait manifester ce qui n'a aucune réalité. Ces antinomies, on les découvre dans l'usage que nous faisons accidentellement de notre raison, usage qui est ou bien *audacieux* ou bien *inconsidéré.* En effet, notre raison, dans la vie présente, n'a pas son plein et complet développement; elle ne peut tout connaître; elle se trouve impuissante pour harmoniser entre elles certaines vérités, surtout les vérités qui ont rapport aux êtres supérieurs, ou qui expriment des relations cachées, surtout celles qui existent entre l'Infini et le fini. Il arrive alors que, présumant, par trop d'audace, de notre suffisance, nous cherchons l'accord de certaines vérités, accord que notre faible raison est impuissante à découvrir, parce qu'elle ne connaît pas complètement les vérités elle-mêmes. Nous connaissons sans doute avec certitude l'immutabilité de Dieu et sa liberté ; mais l'essence de cette absolue immutabilité et de cette absolue liberté, nous ne la connaissons pas assez parfaitement pour pouvoir établir la complète harmonie de ce double attribut divin. Et c'est alors que naît sur toutes les lèvres la difficile question : *Si Dieu est libre comment est-il immuable? Et s'il est immuable comment est-il libre?* — et cette question, pour les audacieux, devient l'antinomie que nous avons déjà reproduite : *Dieu est libre, parce qu'il est la cause absolue; Dieu n'est pas libre parce qu'il est l'immuable.*

Et les antinomies ne viennent pas seulement de notre audace, mais encore de notre *irréflexion*, lorsque nous raisonnons en nous appuyant sur de fausses *prémisses*. Et c'est ce qui arrive à

Kant dans sa première antinomie : *Le monde a commencé dans le temps*, — car si le monde n'eût pas eu de commencement, une série cosmique infinie serait déjà passée, ce qui ne peut pas être. — *Le monde n'a pas commencé dans le temps*, — parce que le fait de commencer dans le temps indique qu'on a été précédé par le temps. Donc, si le monde avait commencé dans le temps, il aurait été précédé par le temps. Or, le temps, qui aurait précédé le commencement du monde, serait un temps vide; et un temps vide est impossible. Donc, il répugne que le monde ait eu commencement dans le temps.

La fausse prémisse de l'argument qui sert à prouver l'antithèse est celle-ci : *Si le monde a commencé, il a été précédé par le temps*. Si nous distinguons bien le sens de cette prémisse, l'argument tout entier va s'écrouler. — *Le monde a été précédé par le temps possible, concedo;* — parce qu'avant le commencement du monde actuel, il pouvait fort bien y avoir d'autres mondes, et le temps de ces mondes. — *Le monde a été précédé par le temps réel, nego* — parce que le temps réel n'est autre que le mouvement réel des choses; et si les choses n'existent pas, le temps n'existe pas non plus: « *Fidenter dico, scire me, quod si nihil præteriret, non esset præteritum tempus; et si nihil adveniret, non esset futurum tempus; et si nihil esset non esset præsens tempus* (S. Augustin. Confes. liv. XI. c 14.)

Il faut bien remarquer ici le défaut originel, qu'ont tous ces arguments, et les autres du même genre qui pourraient se produire : ils n'ont pas dans leurs prémisses l'évidence de ce principe qu'ils combattent : *Intelligibile est res* (I. I. C. G. c. 43 ed. Uccelli), et par conséquent, on peut les rejeter en messe. « Quicumque ex iis, dit Aristote (Top., liv. VIII, c. 5.), quæ improbabiliora sunt conclusione, argumentari aggrediuntur, eos patet, non scite argumentari ; proinde interrogantibus hoc non sunt concedenda. »

Dixième objection. — Il est difficile d'admettre qu'un esprit comme celui de Kant ait pu poursuivre un résultat aussi désastreux pour la raison humaine.

Réponse. — Peut-être l'intention de Kant fut-elle tout d'abord de modérer l'empirisme et l'idéalisme, en s'efforçant de chercher un accord entre le fait et l'idée. Mais ensuite, comme il en convient lui-même, les idées et le scepticisme de Hume le réveillèrent de son sommeil dogmatique, et c'est sous l'influence de ce philosophe qu'il écrivit la *critique de la raison pure*. Il se mit alors à douter de tout, n'acceptant comme susceptibles de connaissance que les impressions des sens, et niant toute possibilité de connaissance pour la réalité externe. Aussi le résultat de sa critique, contrairement à son intention première, fut-il le Scepticisme, mais un scepticisme perfectionné, qui visait à donner la raison des illusions de l'intellect (V. *Méthodologie transcendentale*).

Mais s'il se laissa dominer par le scepticisme, quand il s'agissait de la raison spéculative, il essaya de s'en affranchir quant à la raison praque; et en le faisant il tomba dans une parfaite incohérence. N'est-il pas vrai que la raison pratique suppose la raison spéculative? L'une découvre le vrai; l'autre ordonne à l'action le vrai qui est connu : scientifiquement la raison pratique dépend de la raison spéculative.

A vrai dire, la critique de Kant n'a rien produit; elle se tient tout entière dans l'attaque et dans la négation. Mais ses attaques, ses audacieuses et violentes négations sont comme des coups de marteau. Celui qui les lit avec réflexion en reçoit un choc formidable, et il se sent excité à mieux étudier et à approfondir les règles du vrai; — de l'existence d'un ordre éternel de raisons, réelles dans leur fondement; — à mettre une harmonie plus intime entre les idées et les faits; — à inspirer, animer, interpréter les faits par les idées; — à reconnaître enfin l'ordre immuable des idées, au milieu de la mobilité changeante et versatile des faits.

CHAPITRE VI

LA CRITIQUE DE LA RAISON PURE SELON LA VRAIE PHILOSOPHIE.

I. — Il nous faut maintenant proposer une critique de la raison pure selon les données de la vraie philosophie; données qui n'ont rien d'extravagant, et qui sont pleines de bon sens. Elles ne sont pas le résultat des raisonnements d'une Logique abstraite et vide, mais d'une recherche studieuse sur le fait de la raison pure, d'un examen approfondi et précis, qui, ne négligeant et ne mutilant rien, se contente de traduire le fait observé en propositions franches et claires.

II. — La connaissance de l'homme, de quelque manière qu'on l'envisage, dans son être de faculté et d'action, aussi bien que dans ses modes et ses manifestations, est un *fait*. — C'est un fait réel, fini, accidentel et non pas substantiel, inhérent, immanent et vital. Son activité est une illumination qui vient de l'âme, qui est produite par l'âme, qui actualise et perfectionne l'âme. C'est un fait essentiellement expérimental, qui sent son être intime comme connaissance, et qui sent en même temps, le *moi* personnel dont cette connaissance découle. C'est un fait qui n'a pas besoin de preuves ; il est en nous présent dans l'intime de notre être ; il suffit de le considérer pour s'assurer de sa réalité.

Le rôle essentiel de la connaissance consiste à objectiver, à représenter l'objet, c'est-à-dire à représenter cette chose qui se montre à notre âme, et à laquelle s'attache notre âme. La connaissance sans représentation, la représentation sans chose représentée, c'est-à-dire sans objet, sont deux choses qui répugnent également.

L'objet de la connaissance représenté par soi, c'est l'être. Et de fait si ce n'était pas l'être, ce serait donc la négation absolue de l'être, puisque, entre l'être et le non-être, il n'y a pas de milieu. Or, bien que l'intellect connaisse la négation absolue de l'être, il ne la connaît pas premièrement par soi, mais pour la connaître il a besoin de l'être. En effet, si l'esprit ne connaissait nullement l'être, il ne pourrait jamais en connaître la négation. Et c'est pour cela que dans le langage, le *non*, c'est-à-dire la négation, n'exprime rien, si l'on n'y attache pas l'idée de l'être que l'on veut nier. Ce qui n'est en aucune manière ne saurait être compris, ne pourrait rien éveiller dans l'intellect, si ce n'est pas la force de l'être auquel il s'oppose.

De plus, l'être représenté en soi par la connaissance de l'homme est ou bien l'être existant en acte, ou bien l'être qui a un rapport de représentation avec ce qui existe déjà ou ce qui pourrait exister.

Si l'objectivité est accompagnée par l'action de l'objet représenté, alors l'être représenté est existant en acte. C'est ainsi qu'est l'être des faits externes, représenté par les sens externes ; c'est ainsi qu'est l'être des faits de l'âme, représenté par le sens intime ; c'est ainsi qu'est l'Etre-Absolu, vaguement représenté, Lui aussi, par ce sentiment vague également, que nous avons de notre dépendance transcendentale, par le sentiment de certains instincts, de certaines tendances intellectuelles, appétitives, affectives, instincts et tendances qui ont pour terme la Cause-absolue, l'Etre, le Vrai, le Bien-absolu.

Si l'objectivité ou la représentation de l'objet est simple, sans l'action de l'objet, alors l'intellect ne saisit pas concrètement l'objet en soi, mais seulement sa représentation. Cette représentation est dans l'âme seulement, et n'a avec l'objet qu'un rapport de similitude univoque ou analogue, ou un rapport de raison exemplaire. C'est ainsi que sont dans l'ordre de la connaissance sensitive les représentations de l'imagination. C'est ainsi que sont dans l'ordre de la connaissance intellectuelle les notions logiques abstraites des singuliers, ainsi que la notion abstraite de l'absolu, représentant seulement d'une manière vague et analogue la similitude de l'Existence actuelle, absolue en soi ; telles sont encore toutes les raisons idéales ou formes exemplaires. — Elles n'existent pas en soi, en dehors de l'esprit, mais elles sont un rapport avec la réalité, en ce sens qu'elles représentent ce que les choses doivent être, quant à leur perfection entitative ou opérative, essentielle ou accidentelle.

III. — Dans le fait général de la connaissance humaine, il y a le fait particulier de ce qu'on appelle la raison-pure ; c'est la raison qui, indépendamment de toute expérience et de toute sensation, est ordonnée à la représentation *de l'Absolu, et des modes divers de ses possibles communications.* C'est une représentation suprême dans la sphère de la nécessité et de l'universalité absolues.

En effet, nous expérimentons en nous-mêmes la représentation de l'Absolu, de l'Absolu non pas tel qu'il en est lui-même, mais analogiquement par une certaine ressemblance. Sans la représentation de l'Absolu, les conditionnels, c'est-à-dire, les contingences, les changements, la série ordonnée des causes, le fini, l'ordre des finis, ne pourraient pas se comprendre; et l'intellect et la volonté créée resteraient pour toujours dans l'indéfini, dans l'impossibilité d'atteindre un terme dernier.

Pareillement, nous expérimentons en nous-mêmes les représentations des formes exemplaires, selon lesquelles les êtres, s'ils existent et agissent, doivent exister et agir. Telle est la représentation idéale de la nature humaine, de son entendement, de son libre et honnête vouloir. Ces formes, considérées dans la raison objective, qui leur est propre, n'ont ni commencement, ni fin; elles ne peuvent être différentes de ce qu'elles apparaissent; elles ont leur fondement en Dieu. Donc, elles sont des formes nécessaires, universelles, immuables, éternelles.

IV. — Vis-à-vis de ces représentations, l'intellect tout d'abord s'actualise en définissant et en déclarant ce que chacune d'elles est dans sa simplicité. Puis il se développe en les comparant entre elles immédiatement ou médiatement; et, selon leurs exigences, il les unit ou les sépare par la puissance du jugement ou du raisonnement.

Les raisonnements ne peuvent développer leur force de déduction que sous la lumière de leurs prémisses, en remontant toujours jusqu'à ces prémisses, qui sont des jugements immédiats et connus par soi. Puis les jugements immédiats, analytiques, *per se noti*, doivent se résoudre dans la simple représentation du sujet. Or, c'est dans la simple représentation du sujet que se trouve la relation avec la réalité.

V. — Par tout ce que nous avons dit jusqu'ici, on voit tout d'abord avec évidence que la raison pure est vraiment capable de représenter la réalité en soi. En effet, la représentation de la raison pure, considérée dans sa simplicité, telle qu'elle est, exempte de toute composition, est une expression. — C'est une expression qui exprime quelque chose; car une expression sans chose exprimée n'existe pas, ne peut pas exister. — Et la réalité exprimée est bien celle qu'elle exprime, parce qu'elle est faite essentiellement pour exprimer. — Et la chose exprimée est réellement en soi; parce que le néant par soi ne s'exprime pas. Donc cette expression dit la réalité en soi.

On peut proposer ce même argument sous une autre forme : L'expression est le propre du concept simple de la raison pure. Or cette expression n'exprime pas le néant; car le néant n'a pas d'expression propre : c'est l'être avec sa négation qui exprime le néant. — Donc le concept simple, *primo per se*, ne peut exprimer que l'être. — Et s'il exprime l'être, nous avons ou bien l'être qu'il exprime, ou bien un être différent de celui qu'il exprime. Mais il ne peut pas exprimer un autre être que celui qu'il exprime ; puisqu'il est essentiellement fait pour exprimer cet être et non pas un autre. Donc le concept exprime la réalité qu'il exprime, et non pas une autre réalité.

Observons ici que, si l'on réunit ensemble les termes d'*expression*, de *chose exprimée*, de *réalité*, *le caractère de réalité objective* de notre intellect apparaît comme une vérité connue par soi. Et de fait l'entendement comporte essentiellement l'*expression;* — l'expression *la chose exprimée ;* — et la chose exprimée *la réalité*, parce que le néant ne s'exprime pas. De plus la réalité est précisément celle qui est exprimée, et non pas une autre; c'est pourquoi, selon qu'elle est exprimée, elle est subjective, ou extra-subjective.

D'ailleurs, il ne s'agit pas ici de prouver, mais d'observer ; car dans les concepts de la raison pure, il y a réellement des relations avec la réalité en soi. Nous appuyant sur le concept de l'être, nous disons : *Il est absolument impossible qu'une chose en même temps soit et ne soit pas, selon la même raison formelle.* — C'est sous la lumière de ce principe que nous pensons, qu'un cercle ne peut pas être en même temps rond et carré. Et la conviction de notre pensée est telle qu'il n'est pas possible de penser que la chose soit autre que ce que nous pensons, ni dans la pensée, ni dans la réalité. Nous pensons, en outre, que, quand même notre pensée n'existerait pas, cette loi existerait encore, et que le cercle ne pourrait jamais en même temps être rond et carré.

Ce sont d'ailleurs les rapports de ces concepts avec la réalité qui déterminent l'intellect à juger et à dire : « *Ceci est une action honnête; cela est une action honteuse, cet homme a une âme forte et magnanime; cet autre a un cœur timide et lâche, etc.* » Comment pourrions-nous jamais juger ce qui est juste ou injuste, beau ou laid, si ces formes n'illuminaient pas notre esprit ? — Et comment pourrions-nous dire que ceci est réellement bon, si l'exemplaire de la bonté qui est en nous n'avait pas un rapport réel avec la réalité ?

VI. — Secondement, on peut déduire de ce que nous avons dit l'infaillibilité et la certitude de la raison pure actualisée par le simple concept; parce que l'esprit, sous la lumière d'un concept, ayant sa propre unité, et sa définition circonscrite en soi, ne peut donner le change à l'esprit. Grâce à cette simple lumière, il n'unira jamais des concepts qu'il faut séparer, pas plus qu'il ne séparera des concepts qu'il faut unir. Il exprimera ce qui est; et son expression sera toujours celle de l'être et du vrai.

VII. — Nous pouvons établir, en troisième

lieu, jusqu'où s'étend la raison pure. En tant qu'elle est représentation, elle manifeste analogiquement l'Etre, le Vrai, le Bon, la Cause Universelle, l'Absolu, les possibilités des existences finies, les formes exemplaires de l'être, de l'entendement et du vouloir. La connaissance de l'homme, même la connaissance expérimentale ne saurait se développer sans cette lumière suprême, elle est le fondement de toute pensée.

VIII. — En quatrième lieu, nous pouvons formuler la règle principale et universelle de la critique, la voici : *Tout ce que représente le concept simple de la raison pure, et tout ce qui a une connexion évidente, immédiate ou médiate, avec ce concept est infailliblement et certainement vrai.*

En effet, l'action de juger et de raisonner sans la relation initiale du concept avec la réalité, ne peut donner que la vérité formelle, c'est-à-dire la vérité des liens qui unissent l'attribut et le sujet dans le jugement, la conclusion et les prémisses dans le raisonnement. Aussi, afin de pouvoir connaître la vérité réelle des jugements et des raisonnements, il est nécessaire de relier le jugement immédiat ou raisonné au simple concept, qui est l'expression certaine et infaillible de la réalité. Le mouvement de la raison pure n'est pas conforme à la réalité en soi, s'il n'est pas uni à la lumière directrice du simple concept.

Parmi toutes les représentations de l'intellect, seul le simple concept possède le rapport et la relation, l'accord immédiat, infaillible et nécessaire avec la réalité.

IX. — Aussi, quand on entreprend l'examen des jugements et des conclusions, il faut procéder avec ordre et sans secousse. Il faut examiner le lien de la conclusion et des prémisses; en remontant jusqu'aux prémisses immédiates; puis, dans ces dernières, examiner le lien de l'attribut et du sujet. C'est dans cette jonction de la conclusion et des prémisses, de l'attribut et du sujet, du sujet et de la définition du simple concept, que se trouve l'évidente et infaillible expression de la réalité.

CONCLUSION

Ici se termine l'examen de la critique de Kant sur la raison pure, et l'exposition claire et succincte de notre critique. Notre critique est un levier, et elle possède un point d'appui. Ce point d'appui est la lumière de notre raison, objectivement basée sur la réalité divine. Cette lumière est une empreinte, une ressemblance, une participation de la lumière de Dieu : c'est la parole de Dieu en nous: *vox, qua « in nobis loquitur Deus* (qq. dd. *De Ver.* q. XI ; a. I, ad 13 ᵘᵐ) ». Premièrement et essentiellement elle porte en elle la proportion et l'accord vital avec la Réalité divine; c'est l'image de Dieu. Ensuite, sa destinée native est de se conformer aux choses : « *in cujus natura est, ut rebus conformetur* (*De Ver.* q. 1, a. 9). » Cette destinée, par rapport aux raisons idéales, est essentiellement immuable, et à cause de sa nature, et à cause des raisons éternelles qu'elle exprime, lesquelles sont absolument immuables : « *Secundum respectum ad res æternas quibus est, omnino immutabile est* (*De Ver.*

q. XI, a. I, ad 10 ᵘᵐ). En somme, cette lumière, qui est notre intelligence, *principium est*, comme dit Aristote (*Ethi Com.* lib. VII, c. 6. — *Analyt. Post.* lib. II. c. 16.— *Metaphys.* IV. c. I.— *De Anima.* lib. III. c. 3) *habitus seu fons principiorum... primum unde res cognoscitur, ope ejus discernimus... nec ullum aliud genus est* (habituum) *verius et certius scientia, quam intelligentia.* »

La critique de Kant, elle aussi, est un levier; mais c'est un levier pesant et démesuré; où donc — et ici nous prions ses admirateurs de nous répondre, — où donc est son point d'appui?

Luther essaya d'abattre le soutien de l'autorité; Kant essaya d'éteindre la lumière de la raison. Pour conserver intacts ces deux principes de vie, l'autorité et la raison, il n'y a que l'Église de Jésus-Christ. C'est Elle, qui en est, et en restera toujours la fidèle et divine gardienne!

LA PASSION

OU

LA MISE EN ACTE DE LA PASSIVITÉ

ET

SES CINQ ASPECTS DANS L'AME HUMAINE

LA PASSION

ou

LA MISE EN ACTE DE LA PASSIVITÉ

ET

SES CINQ ASPECTS DANS L'AME HUMAINE

Utrum aliqua passio sit in anima
1ª 2ª q. 22. a. 1.

Il y a dans l'homme deux amours premiers, innés, indestructibles : l'amour de soi et l'amour du souverain Bien.

L'un est le commencement, et comme le substrat de tout amour, l'autre est le dernier de tous et leur terme final. — Tous deux gisent dans les profondeurs de l'âme humaine ; ce sont des illuminations intenses et vives, mais incertaines et indéterminées, et pour ainsi dire ensevelies et cachées.

Ces deux amours ne s'actualisent efficacement et fortement que sous l'aiguillon du besoin, en présence de l'objet qui peut le satisfaire. Leur développement ne s'accomplit ni dans le même instant, ni de la même manière. Tout d'abord c'est l'amour de soi qui se déploie, puis l'amour de Dieu. Et dans l'amour de soi se manifeste tout d'abord l'amour de soi-corps, et puis l'amour de soi-esprit. Telle est la loi du progrès de l'homme qui procède *du moins au plus*.

De là vient qu'en cette vie, même dans les individus chez qui la raison et la liberté ont atteint un degré éminent, l'amour de soi se fait plus vivement sentir que l'amour du souverain Bien ; et que l'amour de soi-corps a plus de force et d'influence que l'amour de soi-esprit.

Or, l'amour de soi-corps, lorsqu'il est poussé par la nécessité, s'exalte avec une extraordinaire facilité et devient d'une violence brutale ; la force de son impétuosité envahit le corps et le secoue profondément. Ce désir s'appelle *passion animale*, et peut se définir : une inclination intense et forte de l'appétit animal, suivie d'une commotion dans le corps.

A vrai dire, le mot *passion* ne convient pas à l'inclination de l'appétit animal ; mais à la commotion corporelle qui est le résultat senti de cette inclination. Etant donné en effet que cette inclination est une force, elle est par là même une cause, une action ; elle donne et ne reçoit pas. Au contraire, le mouvement corporel c'est un effet, c'est une chose amenée par la tendance qui le produit ; et par suite il est réceptivité, il est passion, surtout si ce mouvement corporel, comme cela arrive dans la haine et dans la tristesse, contrarie l'expansion vitale, et accable l'être tout entier.

Or, la passion ainsi entendue, réside-t-elle dans l'âme ? Evidemment oui, puisqu'elle réside dans le composé humain dont l'âme est la forme.

Elle n'est pas dans l'âme par le moyen de l'âme, parce que l'âme est simple, spirituelle et ne souffre pas de mutations de parties ; mais elle est dans l'âme par le moyen du corps, auquel l'âme est unie ; donc elle y est *per accidens*, et non pas *per se*.

C'est ainsi que saint Thomas répond à la question : *utrum passio sit in anima*. La réponse est claire ; et dans les étroites limites de la question, elle est suffisante. Toutefois, si de la nature de la passion nous élevons nos recherches jusqu'à son acception la plus générale, et jusqu'aux divers aspects sous lesquels on peut la considérer dans l'âme humaine, nous voyons le sujet se développer et s'agrandir. C'est ainsi que nous avons l'intention de le traiter ici.

I

QU'EST-CE QUE LA PASSION DANS SA SIGNIFICATION LA PLUS GÉNÉRALE?

La réponse à cette question est bien simple : C'est l'acte de recevoir : *Omne recipere est pati.*

Mais en quoi consiste l'acte de recevoir ?

L'Être infini et tous les êtres finis ont la puissance active de produire un effet ; mais les êtres finis, par cela même qu'ils sont limités et mobiles, ont la puissance passive d'être produits et modifiés. — L'être ne peut produire un effet qu'en réalisant et en exerçant sa puissance active ; et il ne saurait y avoir d'être produit et modifié sans la mise en acte de la puissance passive. Or la réalisation et l'exercice de la puissance active s'appellent *agir* ou *action ;* la mise en acte de la puissance passive s'appelle *recevoir* ou *passion.*

Donc la passion, dans son concept le plus général, n'est pas, comme le prétend Spinoza,

(Éthique. P. III. Def. 2. Prop. 1° et 3°) une action empêchée et diminuée; elle consiste à recevoir, à être passif, et non pas à *donner*, à *agir*.

Si l'on considère la mise en acte de la puissance passive, on s'aperçoit qu'elle est avant tout et essentiellement *une innovation réelle*. En effet cette mise en acte n'existe pas, si elle n'est pas réellement imprimée dans la puissance passive, où elle ne se trouvait pas tout d'abord.

C'est une dépendance, une *relation de sujétion* vis-à-vis de l'agent, parce qu'elle procède de l'agent, qu'elle est sous son action, et que là où cesse l'action, cesse également la passion.

C'est une relation *réelle, entitative, transcendentale;* parce que, en tant qu'elle est une mise en acte donnée et reçue, toute la réalité de son être est dépendance et sujétion. Quand notre corps ou notre âme, en recevant, se trouvent sous une impression, nous sentons cette impression, et nous avons en même temps conscience que notre corps et notre âme sont vraiment patients, dépendants, qu'ils se trouvent réellement sous l'action de l'agent.

C'est une communication secrète et cachée du patient avec l'agent. — Pendant qu'elle existe, le patient se trouve réellement sous l'influence de l'agent ; et il est comme attaché à lui. Dans l'ensemble des corps et des esprits, tout se tient ; et le lien qui réunit tous les êtres, c'est l'action et la passion.

En vertu de ce lien, le patient, en tant que patient, est vraiment quelque chose de l'agent ; la passion dans le patient est comme une réflexion vis-à-vis de l'agent. Saint Thomas, dans l'article cité, a une formule qui mérite d'être prise en considération : *Pati dicitur ex eo quod passum trahitur ad agentem*, c'est-à-dire : La passion est dans le patient, et par elle, le patient est attiré vers l'agent, vers ce que l'agent poursuit en lui, afin que quelque chose de son être s'y imprime. On sait en effet que ce que l'agent vise dans le patient, c'est d'imprimer en lui une certaine ressemblance de son être, selon le dicton de l'École : *Omne agens intendit facere simile sibi*.

De tout ce que nous avons dit, il est facile de déduire ce qu'est la passion entendue dans son acception la plus générale. — C'est une réceptivité. — C'est une mise en acte de la passivité, — une innovation, — une dépendance et sujétion, — un lien intime, réel, actualisé du patient avec l'agent, — enfin, c'est une empreinte, comme une adaptation imprimée par l'agent dans le patient, adaptation qui modifie le patient, et le rend conforme à son agent.

II

DES CINQ ASPECTS DE LA PASSION DANS L'AME HUMAINE.

Cette mise en acte de la passivité, que l'on reconnaît avec évidence et certitude dans l'âme humaine, peut être considérée en elle sous cinq aspects différents qui sont : l'aspect ontologique, l'aspect psychologique qui peut être intellectuel, animal, organique, et enfin moral. Nous allons les examiner tous soigneusement l'un après l'autre.

III

DE LA PASSION CONSIDÉRÉE SOUS L'ASPECT ONTOLOGIQUE

1. L'âme humaine existe; et de son Être émanent des énergies, des directions et des tendances vers certains objets déterminés. Tels sont le sentiment et l'amour de soi, — un sens vague du vrai, une tendance au bien en général.

Or, l'être de l'âme humaine, avec toutes ses tendances, est un être tiré du néant. Sa limitation et sa contingence, son activité dépendante, l'infinie causalité de Dieu, qui, virtuellement, contient tout ce qui est en dehors de son être, le démontrent avec éclat. — Donc l'être de l'âme humaine et de ses facultés est un être reçu, et par conséquent c'est une passion, parce que *omne recipere est pati*. Et puisque cette passion est une propriété de l'être nous l'appelons très justement *passion ontologique*.

2. Cette passion diffère des autres, en ce sens que pour les autres on présuppose un sujet

patient qui les reçoit, tandis que pour la passion ontologique nul sujet n'est présupposé ; tout est reçu. C'est donc une passion, une réception, une dépendance pure. Dans l'École, quand on se demande quelle est la note spéciale de l'Infini, on répond : *Est esse irreceptum*, c'est-à-dire, c'est une perfection, dans laquelle n'existent pas et ne peuvent pas exister la réception et la passion ; c'est l'être premier, *a se*, indépendant, c'est la perfection absolue, *actus purus*. — Et quand on se demande ensuite quelle est la note spéciale du fini, on répond : *Est esse receptum*, c'est-à-dire, c'est l'être imprimé, qui ne serait autre que le néant, s'il n'était pas produit ; c'est l'être essentiellement second, essentiellement soumis à l'être premier. Or, tel est l'être fini de l'âme ; ce n'est qu'un composé de réception et de dépendance ; il est tout entier réception et dépendance ; le terme dont il part, c'est le néant : *Tu es*, disait le Sauveur à sainte Catherine de Sienne, *tu es ce qui n'est pas*.

3. Cette vérité sur l'être de l'âme est la source de bien d'autres vérités, toutes capitales, qu'il est utile de signaler ici, parce qu'elles font mieux comprendre la nature et l'importance de la passion ontologique de l'âme.

La première est la présence *intime* de Dieu dans l'âme. En effet, là où est la passion, là aussi doit être l'agent avec son action. Donc là où est l'être de l'âme, qui est un être passif créé par Dieu, là aussi doit être l'action substantielle créative de Dieu.

Elle s'y trouve comme cause efficiente dans une intimité toujours présente, égale à l'intimité toujours présente, de l'âme et de son être.

Elle y est sans interruption ; sa présence causative dure autant que l'être de l'âme. Parce que l'être de l'âme a dans son essence une relation de dépendance de la causalité divine : et de même qu'il n'a pu sortir du néant sans cette causalité, de même il ne peut sans cette causalité persévérer dans son être.

L'autre vérité est une adaptation de l'âme humaine à Dieu. Nous l'avons dit, la passion, ou réception, considérée comme telle, est nécessairement conforme à l'action dont elle dépend : l'une imprime, l'autre est imprimée. Il n'y a rien dans l'âme, quant à son être primordial, qui ne soit en accord avec l'action de Dieu. Son être, toutes ses tendances natives, ne sont qu'une expression de son divin modèle.

Mais en plus de cette adaptation de production, qui consiste pour l'âme humaine à être ce que Dieu veut qu'elle soit, il y a en elle une adaptation de *conversion immédiate*. L'intelligence en effet est une empreinte de Dieu dans l'âme, et c'est par l'intelligence que Dieu se représente et se manifeste dans l'âme. De même, la volonté, qui est, elle aussi, une empreinte de Dieu dans l'âme, est principalement une tendance vers Dieu, un lien d'affection entre l'âme et Lui : c'est par la volonté que Dieu attire l'âme à soi.

La troisième vérité est que cette adaptation de conversion vers Dieu constitue le principe du devoir et de toute la morale ; elle est la règle qui sert à discerner le bien du mal. En vérité, au sommet du devoir, de toute moralité, de tout discernement entre le bien et le mal, se trouvent la connaissance et l'amour de Dieu : l'ordonnance de toutes les autres connaissances et de tous les autres amours, conformes à cette connaissance et à cet amour, constitue la bonté et l'honnêteté de la vie.

La quatrième vérité enfin, c'est que, toutes les autres adaptations, qui se manifestent dans l'activité humaine, se trouvent sous l'influence et sous la dépendance de cette adaptation originelle, qui donne à l'action sa première impulsion, et sa direction initiale, tandis qu'elle-même ne relève que de Dieu. Rien ne saurait l'effacer ; elle reste imprimée dans l'âme d'une manière indélébile, puisque c'est la main de Dieu seul qui l'y imprime.

IV

DE LA PASSION CONSIDÉRÉE SOUS L'ASPECT PSYCHOLOGIQUE.

1. Ces vertus primordiales, que l'âme a reçues de Dieu, en même temps que l'être, sont donc des réceptions par rapport à la causalité divine ; néanmoins considérées en elles-mêmes, elles sont des énergies, des principes actifs pleins d'efficacité. Dans le principe, les forces de l'âme sont potentielles, ce sont des tendances vagues, au sentiment informe, et, pour ainsi dire, somnolent et inconscient. Mais ensuite, quand elles commencent à déployer leur activité, l'âme humaine se peuple d'une multitude d'actes différents entre eux. Les uns appartiennent à l'ordre des intelligibles, les autres à l'ordre des sensibles. L'âme humaine est une sphère, elle est comme un monde : les choses supérieures et les choses inférieures, ainsi que celles qui lui touchent de très près, ont un écho chez elle. Les approbations et les accusations de la conscience,

les émotions joyeuses ou pénibles, sont autant d'empreintes qui marquent le fond même de l'âme.

Or, il est clair que tous ces actes sont réellement produits ; et que leur production ne se fait pas sans un changement réel dans l'activité de l'âme. En effet l'activité humaine passe de la non-connaissance à la connaissance, du non-vouloir au vouloir ; en comparant ensemble des idées simples, elle forme des jugements ; et par la puissance du raisonnement, d'un jugement elle en déduit un autre. Tout ce mouvement est vital, et par suite immanent. L'âme le produit et le reçoit, et, en le recevant, elle actualise sa sensibilité, c'est-à-dire la faculté qu'elle a de se sentir elle-même, et tout ce qu'elle reçoit en elle. Cette mise en acte de la sensibilité de l'âme humaine est appelée ici *passion psychologique*, et non sans raison, puisqu'elle émane de l'âme, et qu'elle est reçue dans la sensibilité de l'âme. — La passion psychologique a deux faces : elle est une impression, elle est une réflexion.

Elle est une *impression*, puisqu'elle est un mouvement, une excitation, et comme une empreinte produite par l'agent dans la sensibilité de l'âme.

Elle est une *réflexion*, puisqu'elle réagit, pour ainsi dire, sur la cause qui la produit. Elle est une réflexion de manifestation de la part de la connaissance ; — du côté de l'appétit elle est une propension. Si l'impression plaît, nous avons alors une expansion, une attraction vers l'objet qui la cause : si, au contraire, l'impression déplaît, nous avons alors une propension en sens inverse, une contraction, un repliement de l'âme sur elle-même, une véritable répulsion de l'objet.

2. Pour mieux connaître la nature de la passion psychologique, il importe d'éclaircir ici un point très obscur. Rien ne peut être en même temps, par rapport à la même chose, agent et patient ; parce que nous aurions en même temps, par rapport à la même chose, l'acte et la puissance : ce qui répugne. De là l'axiome : *Nihil potest esse simul, relate ad idem, agens et patiens ;* — et cet autre : *Omne quod movetur, ab alio movetur.* Donc la passion doit être sous l'influence d'une cause extrinsèque au patient. Or l'âme produit ses mouvements de connaissance et d'appétit ; et par conséquent, vis-à-vis de ces mouvements, elle est *agent*, et non *patient*. Sans doute, ces mouvements sont vitaux, sont immanents, sont dans l'âme ; mais ils y sont comme dans une cause agissante, et non comme dans un sujet patient ; donc ils y sont non comme passions, mais comme actions.

A ceci, je réponds : que ces mouvements de connaissance et d'appétit soient dans l'âme, comme des actes intrinsèques et formels, développant et perfectionnant la vie de l'âme, cela est indéniable : le sens intime le proclame. Donc l'âme reçoit vraiment ces actes, et, en les recevant, elle est passive. De plus, que ces actes de connaissance et d'appétit dérivent de l'âme comme d'une cause agissante, il faut également l'admettre, puisque ce sont des actes vitaux.

Mais il faut bien observer ceci : c'est que l'âme est seule pour recevoir ses mouvements vitaux, tandis qu'elle n'est pas seule pour les produire. De fait, la connaissance et l'appétit qui sont les mouvements vitaux produits par l'âme, par le fait même qu'ils sont intrinsèques, sont de véritables relations avec l'être auquel ils se rapportent, en le manifestant et en le désirant. Or ces relations, qui sont mises en acte par l'âme, sont cependant déterminées dans leur nature, par la faculté dont elles procèdent. De plus, cette faculté, parce qu'elle est une proportion, et comme un accord préétabli avec l'être, est une véritable participation de Dieu, une direction imprimée par Lui dans l'âme. Donc la connaissance et l'appétit, en tant que leurs mouvements dépendent de la nature des facultés, sont des réceptions et des passions, puisque la faculté qui les produit est elle-même réception et passion.

Il y a plus : dans la faculté même active de

la connaissance et de l'appétit, on peut distinguer une double réceptivité, l'une d'exercice, l'autre de spécification. — D'exercice d'abord, parce que de la non-connaissance et du non-appétit, la faculté passe à l'acte de la connaissance et de l'appétit. — De spécification ensuite, puisque de la non-connaissance et du non-appétit de telle chose déterminée, elle passe à l'acte, par lequel elle la connaît et la désire. — Or, ces deux passages exigent le concours d'une cause extrinsèque. Il n'y a pas de passage, quant à l'exercice, sans le secours de la prémotion divine; pas plus qu'il n'y a de passage, quant à la spécification, sans le concours d'un objet déterminant.

Donc l'activité de l'âme ne consiste pas seulement dans l'action : elle ne se déploie que sous l'influence et avec l'influence d'une cause extrinsèque (1).

3. Ceci suffit pour établir l'existence et la nature de la passion psychologique : étudions maintenant ses différents degrés.

Tout d'abord ces degrés se différencient l'un

---

(1) Omnis motus voluntatis, dit Gaëtan (1ª 2æ q. 31, a. 4 Comm.), est a duobus motoribus, altero quoad specificationem, altero quoad exercitium : et motor quoad primum est objectum, quoad secundum vero est triplex, scilicet Deus, natura, et libertas,... et quocumque horum causante, voluntas causat. » Les mêmes principes, excepté celui de la liberté, sont exigés pour tout autre mouvement psychologique.

de l'autre par l'intensité plus ou moins grande du sentiment. Il est clair en effet que le mouvement vital de la connaissance et de l'appétit s'imprime dans la sensibilité de l'âme : celui qui connaît et celui qui désire a vraiment le sentiment de sa connaissance et de son désir. Or le mouvement vital est ressenti avec d'autant plus de vivacité que l'impression produite dans la sensibilité est plus forte ; et la force de l'impression dans la sensibilité est en raison directe de la puissance de la passion.

Ces degrés de la passion psychologique sont encore différenciés par la faculté qui produit et reçoit l'acte. La réceptivité de la puissance appétitive comporte bien plus l'idée de *passion* que la réceptivité de la puissance conoscitive. *Passio*, dit saint Thomas (qq. dd. *De Verit.* q. 26ᵃ, a. 3), *magis proprie appetitivæ potentiæ competit, quam apprehensivæ.* » En effet, la puissance conoscitive est bien plus maîtresse d'elle-même, se domine bien mieux dans la réception, que la puissance appétitive. Quand elle connaît, elle attire à soi l'objet : *Cognitio fit secundum quod cognitum est in cognoscente,* tandis que l'appétitive, quand elle désire, se trouve sollicitée, attirée, subjuguée par l'objet. « Nomine passionis, dit saint Thomas, importatur, quod patiens trahatur ad id, quod est agentis. Magis autem trahitur anima ad rem per vim appetitivam, quam per vim apprehensivam. Nam per vim appetitivam, anima habet ordinem ad ipsas res, prout in seipsis sunt (1ª 2ᵃᵉ q. XXII, a 2.) ».

De plus, dans la puissance appétitive aussi bien que dans la conoscitive, il faut établir une gradation. En effet, la connaissance pratique, dirigée vers l'activité, est une passion plus forte que la simple connaissance. Dans l'appétitive, le désir contrarié est plus fort comme pression, que le désir favorisé. Le premier a plus de dépendance et moins de spontanéité ; le second plus de spontanéité et moins de dépendance.

Mais, en vérité, il n'y a rien qui soit accueilli par l'âme avec autant de bonheur profond, et de satisfaction sincère, que la connaissance et l'appétit quand ils sont conformes aux tendances premières de la nature ; c'est alors l'accord parfait avec soi-même et avec l'univers. Il n'y a rien au contraire qui soit aussi profondément choquant, aussi triste et pénible que la connaissance et l'appétit en désaccord avec les inclinations premières de l'être ; c'est un dissentiment profond, qui se produit dans l'intime de l'âme ; c'est le complet abandon de soi-même.

V

DE LA PASSION CONSIDÉRÉE SOUS L'ASPECT PSYCHOLOGIQUE INTELLECTUEL.

1. Nous n'avons à examiner ici à peu près qu'une seule question, à savoir si la notion exprimée par ces mots *passion-psychologique-intellectuelle* existe réellement, et si elle est semblable au concept que l'on nomme proprement passion. Voici ce que nous pouvons dire à ce sujet :

Par passion-psychologique-intellectuelle, nous entendons ici une réception imprimée dans la sensibilité de l'âme, et qui prend son origine dans l'intelligence. — Que de telles impressions existent réellement, l'évidence le proclame. Quand l'intelligence passe de l'erreur à la vérité, ou de la vérité à l'erreur, quand la volonté passe du vice à la vertu ou de la vertu au vice, ces passages sont des innovations et des impressions réelles produites par l'intelligence dans la sensibilité de l'âme. Qu'est-ce qui n'a pas ressenti parfois dans son âme de fortes impressions d'idées, d'affections même dans le domaine de la mystique, produites par l'intelligence! Eh bien, de telles impressions, dont l'origine est dans l'intellect, ne sont que des réceptions, des actualisations de la sensibilité de l'âme.

Ces impressions n'ont-elles pas une grande ressemblance avec ces mouvements de l'appétit animal, mouvements que l'École appelle si justement *passions?* Et de fait, bien qu'appartenant à un ordre différent, elles sont vraiment des réceptions et des impressions, et parfois extraordinairement fortes et véhémentes, produites dans la sensibilité de l'âme, et entraînant après elles une commotion de l'appétit animal et de l'organisme. L'idée exalte, l'idée abat, quelquefois même elle tue. Aussi je ne vois pas qu'est-ce qui pourrait empêcher de les appeler passions psychologiques, à condition qu'on leur donne l'épithète d'*intellectuelles*.

Il est vrai, l'École ne fait pas usage de cette dénomination; cependant elle n'y est pas opposée. L'Aréopagite l'employa en écrivant au sujet de son Maître Iérothée : « Ista (*quæ ad Theologiam pertinent*) *non discendo tantum, verum etiam* patiendo *assecutus* (De div. nom. lib. II, § 9). » Il est donc manifeste que dans la partie intellectuelle de l'âme, il y a de telles impressions que l'on peut en toute vérité les appeler *passions*, de même que nous appelons passions les impressions animales. Il suffit, pour les distinguer, de leur ajouter l'épithète d'intellectuelles.

2. Bien que ces impressions soient toujours des passions, elles méritent cependant plus justement le nom de passions, quand elles sont accompagnées de sentiments puissants et forts, et mieux encore quand elles sont des impressions de la volonté, surtout quand cette dernière est contrariée dans ses vouloirs les plus ardents.

3. Les formes suprêmes sous lesquelles se présentent les passions de la volonté sont au nombre de quatre. La volonté en effet vise le bien ou le mal; elle vise l'un ou l'autre, présent ou éloigné. Si elle vise le bien présent, c'est-à-dire le bien qui est en sa possession, nous avons le plaisir; si elle vise le mal présent, c'est la tristesse, qui est une certaine amertume de l'esprit. Si elle vise le bien éloigné, c'est le désir; si le mal éloigné, c'est la crainte.

4. Toutes ces formes ne sont que des modes divers de l'amour de soi dans ses actualisations; toutes sont originairement contenues dans l'amour de soi, qui est leur véritable principe. Le terme suprême visé par elles, c'est l'union de l'âme avec le Bien.

VI.

DE LA PASSION CONSIDÉRÉE SOUS L'ASPECT PSYCHOLOGIQUE-ANIMAL.

1. S'il est vrai que les impressions, qui constituent la passion psychologique intellectuelle, dérivent toutes de l'intellect, il n'est pas moins vrai que les impressions, qui constituent la passion psychologique animale dérivent toutes de l'imagination. L'imagination est comme une immense toile sur laquelle viennent se dessiner les objets, qui existent, aussi bien que ceux qui n'existent pas. C'est elle qui donne naissance à cette multitude d'impressions différentes et même contraires, qui ébranlent si fortement la sensibilité de l'âme.

Donc la passion psychologique animale est la mise en acte de la sensibilité animale, mise en acte qui prend son origine dans l'imagination. On l'appelle *passion*, parce qu'elle est une impression ; on l'appelle *psychologique* parce qu'elle est reçue dans la sensibilité de l'âme ; on l'appelle *animale* parce qu'elle dérive de l'imagination.

Ces actualisations animales de la sensibilité sont les actes mêmes de l'imagination, ou bien les actes produits par les autres facultés sous l'influence de l'imagination, surtout si ces actes produisent une impression forte et énergique.

Mais l'emploi véritable du mot *passion animale* dans l'École est réservé pour désigner le mouvement de l'appétit animal, qui a comme conséquence une commotion corporelle. « Passio, dit saint Jean Damascène, est sensibilis motus virtutis appetentis ex boni aut mali cujuspiam imaginatione. . est irrationabilis motus animæ ob boni vel mali opinionem (*De Fide orthod.* lib. II. c. 22). — Saint Thomas ne parle pas autrement : « Propriissime dicuntur passiones animæ affectiones appetitus sensitivi... motus appetitus sensitivi (1ª P. q. XX, a. 1, ad 2um ; — 1ª 2æ, q. XXII, a. 2 ; — IIIª P. q. XX, a. 4 ; — qq. dd, *de Ver.* q. XXVI, a. 3).

Et saint Thomas ajoute expressément que le mot *passion animale*, outre le mouvement de l'appétit animal, signifie encore une commotion organique, surtout dans le cœur : « In omni passione animæ, dit le saint Docteur, additur aliquid, vel diminuitur a naturali motu cordis; in quantum cor intensius vel remissius movetur, secundum systolem aut diastolem, et secundum hoc habet rationem passionis (1ª 2æ,

q. XXIV *de Ver.* ; — q. XXV, a. 2 ad 2um) ».

Donc ce mouvement irrationnel d'attraction ou de répulsion que l'âme éprouve en présence d'un bien ou d'un mal représenté par l'imagination et reconnu comme tel, auquel vient s'ajouter une commotion organique, est appelé par l'École passion psychologique animale. — En voici toute la genèse.

2. Le principe dont ce mouvement part, c'est l'amour de soi-corps. En effet, tous nos amours proviennent d'une raison de convenance avec le premier amour de l'appétit, de même que toutes nos répulsions proviennent d'une raison de désaccord avec ce même amour, qui est, de par la loi naturelle, comme l'âme de toutes nos affections et de toutes nos répugnances. Or, le premier amour de l'appétit animal, c'est l'amour de soi-corps.

L'objet déterminant l'appétit animal est quelque chose de corporel, représenté par l'imagination, et instinctivement reconnu comme bien ou comme mal par notre faculté estimative.

C'est cette appréciation, qui pousse l'appétit à poursuivre l'objet, ou à le repousser. Cet appétit est en même temps action et passion. *Action*, puisqu'il est comme un élan vers l'objet, ou comme une répudiation de l'objet; — *passion*, puisqu'il est une impression reçue dans la sensibilité de l'âme.

Son mouvement, ordinairement modéré, est quelquefois impétueux, violent, préternaturel. Et parce qu'il y a entre l'âme et le corps une union intime, et une mutuelle influence, il en résulte des mouvements correspondants dans l'organisme. Si l'appétit est puissant et intense, alors le cerveau, le cœur éprouvent des commotions violentes, le sang bout dans les veines, les esprits animaux s'agitent, les yeux, les traits du visage révèlent naturellement l'émotion intérieure de l'âme, et en sont comme l'image. — Le corps ainsi agité ne fait que participer aux émotions de l'âme ; et c'est l'âme qui, au moyen de ces mouvements corporels, s'ouvre un accès pour communiquer à d'autres les passions qui l'agitent ; ces mouvements disposent le corps à prendre les dispositions nécessaires qu'il doit avoir vis-à-vis de l'objet par lequel est excité l'appétit animal.

De tout cela résultent dans l'âme deux sensations : l'une qui vient de son propre appétit, l'autre des mouvements corporels ; et ces deux sensations n'en forment pour ainsi dire qu'une seule, qui se produit à la fois dans l'âme et dans le corps. — Il en résulte encore une dilatation, ou une contraction dans le mouvement de la vie sensitive et organique, selon que l'appétit et les mouvements qui en dérivent visent le bien ou le mal. Ce sont des avertissements de la nature *ut consectemur, ut fugiamus;* ce sont les sens de la haine et de l'amour.

3. Ceci étant bien compris, il n'est pas difficile de déterminer la signification vraie du mot *passion*, que les modernes surtout ont l'habitude d'employer d'une manière très équivoque et très confuse. Il signifie tout mouvement de l'appétit animal; — mouvement impétueux; — désir intense non modéré par la raison; — sentiment vif et exalté accompagné de l'inertie morale; — aspiration ardente qui enlève à l'âme son activité et sa liberté; — convoitise furieuse qui accable l'être et se tient au fond même du cœur; — sentiment angoissé; — commotion violente dans la sensibilité; — trouble de l'âme. Dans la langue latine, et surtout dans le langage de l'Église, on emploie d'habitude le mot passion pour désigner un mouvement répréhensible de l'appétit. « *Passio*, dit saint Augustin (*De nupt. et conc.* C. 33), *in lingua latina, maxime in usu loquendi ecclesiastico, non nisi ad vituperationem consuevit intelligi.*

Ici par ce mot *passion-animale*, on désigne des choses très complexes. On l'emploie pour désigner l'élan de l'appétit vers l'objet, l'impression qui découle de cet appétit dans la sensibilité animale, les mouvements corporels, les sensations agréables ou douloureuses de l'âme et du corps qui en résultent.

4. Or, de tous ces éléments, l'élément premier, essentiel, constitutif de la passion, c'est l'appétit, en tant qu'il est une impression reçue dans la sensibilité animale ; — l'élan vers l'objet est quasi la cause de la passion, et ne s'en distingue quasi par une différence de rapport ; — les mouvements corporels, la sensation de l'appétit et des mouvements corporels ne sont qu'une résultante de la passion ; tandis que la véhémence de l'appétit et des mouvements corporels, avec ce qu'elle a de préternaturel, en est la condition.

Ceci suffit pour connaître dans ses grandes lignes la passion psychologique animale (1).

Il nous reste à faire deux observations nécessaires. La première, c'est que la passion animale, qui comporte une expansion ou une pres-

---

(1) Selon saint Thomas, les éléments de la passion animale sont au nombre de deux : l'élément formel, qui est le mouvement de l'appétit sensitif, et qui comprend à la fois l'impression produite dans la sensibilité animale, la tendance vers l'objet, en même temps que la sensation de l'appétit lui-même ; l'élément matériel, qui est le changement corporel auquel correspond indubitablement une sensation dans l'âme. — De plus, pour que le mouvement animal puisse vraiment s'appeler *passion*, saint Thomas réclame quelque chose d'impétueux et de préternaturel. Voici ses paroles : « In passionibus sensitivi appetitus est considerare aliquid quasi materiale, scilicet corporalem transmutationem, et aliquid quasi formale, quod est ex parte appetitus. Sicut in ira materiale est ascensio sanguinis circa cor, vel aliquid hujusmodi : formale vero appetitus vindictæ (1ª P., q. XX, a 1 ad 2um. — Cf, 1ª 2æ, q. XXII, a. 2 ad 3um) » Pour ce qui regarde la condition de la passion, le saint Docteur ajoute : « In omni passione animæ additur aliquid vel diminuitur a naturali motu cordis, in quantum cor intensius, vel remissius movetur secundum

sion violente et préternaturelle, peut, si elle n'est que passagère, favoriser la vie organique par la secousse qu'elle lui imprime; mais, si elle persiste, elle lui nuit plutôt par son impétuosité et par son caractère préternaturel.

La seconde observation, c'est que la passion, quel que soit le sentiment qui l'anime, sentiment de joie ou de tristesse, de crainte ou d'espérance, fait toujours plaisir, parce qu'elle est ordonnée à ce rapport que la nature a établi entre la tendance et l'objet. Et s'il est vrai que celui qui est heureux aime sa joie, celui qui souffre aime aussi sa douleur, il ne veut pas qu'on la lui enlève; et c'est là ce qu'exprimait le prophète Jérémie en disant (XXI-15) : « Vox in excelso audita est lamentationis, luctus, et fletus Rachel plorantis filios suos, et nolentis consolari super eis, quia non sunt. »

systolem aut diastolem : et secundum hoc habet passionis rationem (1ª 2ᵐ, q. XXIV, a. 2, ad 2ᵘᵐ). »

« Omnis passio cum aliquo impetu inclinat in suum objectum (2ª 2ᵐ, q. XXVII, a. 2ᵘ) ».

VII

DE LA PASSION CONSIDÉRÉE SOUS L'ASPECT PSYCHOLOGIQUE ORGANIQUE.

1. Le corps de l'homme est sous l'action de l'âme qui l'informe; et en même temps il est sous l'action de l'ambiance extérieure, dans laquelle il est placé : il est un instrument ; tantôt touché par l'âme, tantôt par la nature, tantôt par les deux à la fois.

L'âme sent ces mouvements, parce qu'elle sent son propre corps, dans lequel la nature, ou bien elle-même les imprime. — Elle les sent, comme elle sent son propre corps, d'une manière expérimentale concrète, et pour ainsi dire par un contact interne.

De là vient qu'il y a deux genres d'impressions dans le corps de l'homme : celles qui viennent de l'âme, et celles qui sont produites par des causes extérieures. Les premières appartiennent à la passion psychologique animale dont nous avons déjà parlé; les secondes à la passion psychologique organique, dont nous devons maintenant nous occuper.

On les appelle *passions*, parce qu'elles sont vraiment des réceptions; — on les appelle *psychologiques*, parce qu'elles portent avec elles un sentiment de plaisir ou de douleur qui appartient *per se* à la sensibilité de l'âme (1); — on les appelle *organiques*, parce qu'elles sont tout d'abord des impressions produites dans les organes du corps, sous l'impulsion d'agents extérieurs, et qu'elles donnent naissance au sentiment de plaisir ou de douleur. La raison constitutive et déterminante de la passion-psychologique-organique, c'est l'impression produite dans les organes corporels par les agents extérieurs. C'est par là que commence la passion organique; le plaisir ou la douleur qui en découle n'en est que l'effet : c'est l'âme elle-même qui est passive en même temps que le corps qu'elle anime.

---

(1) Saint Thomas le dit expressément : « Dolor dicitur esse corporis quia causa doloris est in corpore; puta dum patimur quid nocivum corpori. Sed motus doloris semper est in anima; nam corpus non potest dolere, nisi dolente anima (1ª 2æ q. XXXV, a 1 ad 1um). » Et dans ses Commentaires sur l'Epître de saint Paul ad Galatas (lectio IVª) il écrit ceci : « Hic videtur esse dubium : quia cum concupiscere sit actus animæ tantum, non videtur quod competat carni. Ad hoc dicendum est, secundum Augustinum, quod caro dicitur concupiscere in quantum anima secundum ipsam carnem concupiscit, sicut oculus dicitur videre, cum potius anima per oculum videat. Sic ergo anima per carnem concupiscit, quando ea quæ delectabilia sunt secundum carnem appetit; *per se vero anima concupiscit.* »

Cette impression s'appelle très justement *passion*. De fait, parmi toutes les impressions qui sont dans l'homme, les unes appartiennent à l'âme *per se*, et les autres au corps *per se*; et parmi celles qui appartiennent au corps, les unes lui viennent de l'âme, les autres lui viennent d'agents extérieurs.

Or, les impressions qui appartiennent à l'âme *per se* sont essentiellement vitales, et par conséquent ont quelque chose de spontané et d'actif : ce sont des mouvements qui, sous des rapports divers, sont des actions en même temps que des passions de l'âme (1). Elles ont donc moins la raison de passion que les impressions reçues dans le corps; parce que le corps relativement à ses impressions est complètement passif et nullement actif. « Passio,... quantum est passio, dit saint Thomas (Qq. dd. *de Ver.*, q. XXVI, a. 2, ad 5um), per prius est in corpore, ibi enim primo accipit rationem passionis. »

2. Mais parmi les impressions reçues dans le corps, celles qui sont produites par l'âme ont

---

(1) Aussi nous n'admettons pas ce qu'enseignent à ce sujet quelques anciens scolastiques (Scot. 1. S., dist 1ᵃ, q. 3ₐ, et 4ᵃ, — Henri de Gand, quodl. II, q. 8ᵃ, et d'autres) qui prétendent qu'il y a dans l'âme certaines sensations, comme le plaisir et la douleur, qui sont produites par un principe extérieur dans l'absolue passivité de l'âme. La vérité c'est que le mouvement de l'appétit sort de l'intime de l'âme, et n'est pas une pure réception; il appartient à la vie.

moins la raison de passion que celles qui sont produites par des agents extérieurs. Ces dernières en effet viennent d'une cause extrinsèque, séparée du sujet qui les reçoit ; tandis que les premières tirent leur origine de l'âme, principe formel du corps même dans lequel elles sont reçues.

Aussi les impressions, qui sont produites dans le corps par des causes extrinsèques, sont dépendance pure, réception pure ; elles ont rigoureusement l'*esse ab alio*, et par suite elles méritent tout d'abord et très justement le nom de *passions*, à condition toutefois que ces passions soient vraiment des impressions fortes et violentes.

3. Les passions organiques sont de deux sortes. En effet, ces passions ne sont autre chose que des impressions organiques *présentes*, qui ne sont, généralement parlant, que de deux espèces ; celles qui dilatent et accroissent l'énergie vitale, celles qui l'oppriment et la diminuent. Si elles la dilatent et l'accroissent, il se produit dans l'âme un plaisir sensuel qu'on appelle *volupté*; si, au contraire, elles l'oppriment et la diminuent, il naît dans l'âme un sentiment pénible qui a nom *douleur*. — Tout cela est conforme à l'union qui existe entre l'âme et le corps. L'âme en effet recherche son union concrète avec le corps ; aussi aime-t-elle toutes les impres-

sions qui peuvent augmenter cette union, comme elle s'éloigne répulsivement de toutes celles qui seraient capables de contrarier cette union, et de l'empêcher.

VIII

DE LA PASSION ANIMALE CONSIDÉRÉE SOUS L'ASPECT MORAL.

1. Si on la considère en elle-même, la passion animale, c'est-à-dire ce mouvement résultant de la perception sensible, est *physiquement bonne*. — Elle est en effet une énergie naturelle, établie selon les lois physiologiques ; elle naît de la connaissance vivace des choses sensibles, de la vigueur et promptitude de l'appétit animal ; sa tendance native vise la conservation de l'individu et de l'espèce ; ses premiers mouvements sont causés par l'amour que tout animal a pour lui et pour son espèce. S'il arrive que la passion animale soit impétueuse à l'excès, démesurée, opposée à son but final, c'est parce que ses mouvements s'ajustent toujours avec le corps du patient, qui est corruptible, et sujet à se laisser mouvoir par des principes contraires.

La passion animale, considérée en soi, n'est

ni morale, ni immorale, parce qu'elle n'est pas libre. C'est un mouvement irrationnel, dénué de réflexion, et privé de la lumière de l'intelligence. L'instinct la gouverne, et sans en savoir le pourquoi, le besoin l'entraîne.

2. Néanmoins la passion peut être considérée dans ses relations avec la liberté, parce que toutes deux appartiennent au même être, et ont pour ainsi dire un contact entre elles.

3. Si l'on considère la passion dans ses rapports avec la liberté dévoyée du droit chemin, sous l'empire de cette même passion, elle se présente à nous sous l'aspect immoral. C'est un véritable mariage de la liberté et de la passion. La passion communique à la liberté son objet et ses plaisirs, tandis que la liberté insère dans la passion la capacité et la tendance, qu'elle a pour l'Infini. Elle en dilate immensément le désir, et en accroît l'inquiétude ; et dans la mesure de sa science et de sa force, elle la modifie et la désorganise en mille manières. Et il arrive alors que plus la liberté sait, plus elle a de pouvoir et plus elle se corrompt sous le souffle de la passion.

4. Si nous considérons ensuite la passion dans ses rapports avec la liberté inspirée par le sens moral, et éclairée par la raison droite, elle se présente à nous sous *l'aspect moral.*

Et ici il faut examiner quels sont les rapports

de la passion animale avec la liberté morale, c'est-à-dire avec la liberté conduite par la raison.

Il y a entre la passion et la liberté morale des rapports *de cause matérielle, occasionnelle, auxiliaire*, qui n'excluent pas cependant la *disproportion* et le *désaccord* qui peuvent exister entre elles.

5. Et tout d'abord il y a des rapports de *cause matérielle*. La vie libre et droite de l'homme est objectivement inspirée par l'amour du Vrai, du Bon, du Juste. Et quand cette vie commence à déployer ses vertus, c'est alors que les passions animales contrariées lui font une vigoureuse opposition.

Ces passions, produites par certaines conditions et impressions corporelles, se présentent tumultueusement, et ne sont nullement ordonnées *per se* à la fin de l'existence humaine. — Elles ont je ne sais quoi d'impatient et d'indompté qui se cabre sous le joug, qui se révolte avec violence, qui ne souffre ni frein, ni modérateur. — Elles sont des sources de miel et de fiel, possédant en elles-mêmes la force du plaisir ou de la douleur. Elles s'attachent à ce qui leur plaît; et si la liberté leur résiste, elles murmurent, elles s'agitent, elles s'enflamment, elles mordent, elles rugissent, et font éclater leur rage par les tourments et les angoisses qu'elles produisent.

Or, il appartient à la liberté morale d'opérer

toujours avec amour, et d'aller chercher ses inspirations dans le Bien ; de commander aux passions, de les soumettre et de les modérer ; d'éviter avec soin leurs caresses empoisonnées ; de supporter avec courage les douleurs et les tortures qu'elles lui infligent ; et de les diriger finalement vers le Bien et vers le Beau.

Les passions animales sont donc pour la liberté morale un champ merveilleusement riche de vertus ; elles sont la matière sur laquelle la vertu travaille, surtout dans ce qu'elles ont de plaisir et de douleur. Aristote l'a dit avec justesse : « Virtus moralis omnis (*Ethic*. lib. II, c. 3) in doloribus ac voluptatibus versatur. »

6. Il y a ensuite des rapports de *cause occasionnelle*. — En effet, les passions ne sont pas une matière morte et inerte : ce sont de vivants et puissants stimulants. Mettez-les en présence de la liberté morale dirigée vers le Bien, elles vont devenir pour elle des occasions d'extraordinaire mérite. Leurs séductions malsaines exerceront sa tempérance ; leurs douleurs sa force, leur élan sa prudence, et leurs désordres sa sagesse : en un mot, elles lui fourniront l'occasion de mettre en pratique le grand art de se gouverner soi-même.

7. Enfin, il y a entre la passion et la liberté morale des rapports de *cause auxiliaire*. — Bien que les passions animales soient douées

d'une activité propre, et d'une tendance naturelle propre, cependant elles ne sont dans l'homme que des forces subalternes, destinées à être soumises à l'empire de la liberté, à être des instruments de l'ordre moral, et à apporter à l'activité libre de l'homme l'appoint de leur force et de leur énergie. La liberté, en effet, telle qu'elle existe dans l'homme, arrive à de bien maigres résultats, si elle n'est pas soutenue par la passion. Elle conseille, elle exhorte, elle dirige, elle commande ; mais sa voix est faible et son autorité languissante : *jubet magis quam juvat* (Aug. *de Gratia*, X, c. 8. n. 9) ; sa timidité la fait parfois reculer devant la résistance. Elle a besoin des passions pour agir avec force : l'indignation, l'audace, la honte, la crainte sont les auxiliaires naturels de la justice, de la force, de la modestie, de la prudence. Oui, les mouvements de l'appétit animal sont des coursiers fougueux qui peuvent servir à la retraite aussi bien qu'à l'attaque. Si la raison arrive à les dompter, la liberté humaine peut y puiser la fermeté et l'ardeur dans l'action, la force du plaisir et celle de la douleur. Les passions sont, comme on l'a si bien dit, les muscles et les nerfs de l'âme, et nous voyons dans l'histoire que la liberté passionnée fut toujours celle des héros et des grandes âmes.

Si l'on examine bien l'activité de l'homme,

on comprend que son procédé doit être ainsi. En effet le mouvement de l'appétit animal est à la volonté ce que l'imagination est à l'intelligence. Sans imagination vive, il n'y a pas d'intelligence vive; sans le mouvement intense de l'appétit animal, il n'y a pas de vouloir intense.

Le point de départ, l'appui de toute discipline intellectuelle doit être l'imagination ; de même, le point de départ, l'appui de toute discipline morale doit se trouver dans les passions bien dirigées. « Non tam recte cum Xenocrate dixeris, écrivait sagement Plutarque (*De virtute morali circa finem*), mathematicas disciplinas esse ansas philosophiæ : quam hoc, affectus istos, verecundiam, cupiditatem, pœnitentiam, voluptatem, dolorem, ansas esse adolescentium. »

Cependant, on ne saurait nier qu'il existe entre les passions animales et la liberté morale une certaine *disproportion et opposition :* nous allons le démontrer.

8. La disproportion se trouve en ceci que l'homme semble presque toujours comme empâté dans la passion animale, et qu'on voit poindre rarement chez lui la liberté morale : « Non permanebit spiritus meus in homine, quia caro est (Genes. VI, 3). » De fait, la passion animale est la première voix écoutée par l'homme; elle parle fortement, efficacement et vivement; elle montre ce qui n'est pas comme si cela existait,

et ce qui existe comme si cela n'était pas. Tout le monde volontiers l'écoute parce que

> Le plaisir monte en croupe et galope avec elle,

sans penser que bientôt la douleur forcera à battre en retraite. C'est une force spontanée sans art ni discipline : « Voluptatis ars nulla est (Ethic., lib. VII. c. 11). » — Il n'en est pas ainsi de la liberté morale; elle commande une vie vertueuse, tempérée et patiente; elle demande beaucoup d'art : « *atqui omnis energia bona, artis opus est* (ibid). » C'est un art difficile — long à apprendre, pénible, l'âme ne s'y adonne que laborieusement; et, si attentive qu'elle soit, elle ne le conserve que par des exercices répétés; personne ne peut se vanter de le posséder parfaitement, et il est, pour les âmes vulgaires, un lourd et pesant fardeau : « Temperanter enim et patienter vivere, insuave est vulgo hominum (Ethic., lib. X, c. 9.) » Aussi en résulte-t-il que les hommes sont conduits bien plus par le besoin que par des raisons et des conseils; et ils cèdent beaucoup plus facilement à la menace du malheur et de la peine, qu'à l'attrait du beau et de l'honnête.

9. *Or l'opposition se trouve en ce fait, que la liberté morale et la passion se résistent l'une à l'autre.* Cette opposition *est objective et subjective.* L'opposition est objective, parce que la

passion animale désire l'objet, dont s'écarte la liberté morale; et la liberté veut à son tour l'objet qui répugne à la passion animale. La passion veut le plaisir sensuel; la liberté le rejette; — la liberté veut quelquefois la douleur; la passion en a horreur.

Quant à l'opposition *subjective,* elle ne consiste pas, comme l'enseigne Descartes (*Des passions de l'âme,* 1er P. a. 47), dans les mouvements que le corps imprime avec ses esprits animaux dans la glande pinéale, et les mouvements qu'y imprime l'âme avec sa volonté; mais elle consiste dans deux mouvements réellement distincts, le mouvement de l'appétit animal, et le mouvement de la liberté morale. En réalité, nous sentons en nous deux tendances vives et animées; chacune a son objet propre, sa force spéciale, et sa loi naturelle; et c'est entre ces deux tendances qu'il y a opposition : *Caro concupiscit adversus spiritum, spiritus autem adversus carnem* (ad Gal. V. 17).

Cette opposition consiste dans l'affaiblissement et même dans l'anéantissement que la véhémence et l'intensité de l'un des mouvements produisent dans l'autre. L'âme ardemment passionnée pour les choses du corps ne peut qu'aimer très faiblement les choses de l'esprit; et celui qui aime ardemment ce qui est honnête, sent à peine la tentation de ce qui est vil et bas.

Quant à ceux qui se passionnent au delà de toute mesure, ce sont comme des hypnotisés, sans mémoire et sans jugement; le goût de la vérité et de l'honnêteté, l'usage de la droite raison, tout cela est mort chez eux; ils n'écoutent ni bonne parole, ni voix douce, ils ne cèdent qu'à la force.

10. Mais pourquoi cette disproportion et cette lutte? La raison de cette disproportion, c'est que l'homme naît perfectible et non pas parfait; sa condition est de ne développer son activité que par degrés avant d'arriver à la perfection. C'est pour cela que, dans la perfection de l'homme, il y a d'abord le moins et ensuite le plus ; et ce n'est que lorsqu'il a atteint la perfection du degré inférieur, qu'il peut travailler à acquérir celle du degré supérieur. Ici-bas, nous sommes des animaux parfaits, mais des intellectuels et des moraux très imparfaits. C'est pourquoi la raison est d'un si faible secours, et, comme dit saint Augustin, *jubet magis quam juvat, docet morbum esse, non sanat, immo, ab ea potius quod non sanatur, augetur* (ibid.) : La loi naturelle sans la grâce qui vivifie, n'est qu'une lettre morte : elle tue.

Quant à l'opposition objective, elle vient de ce que la passion animale ne s'occupe que du présent sensible, de ce seul et unique objet, auquel sa nature la destine. L'ordre n'est pas le but de son mouvement; elle ne le connaît pas : elle en ignore la raison autant que le principe · la passion animale obéit toujours à l'impulsion du plaisir ou de la douleur.

Au contraire, la tendance morale vise principalement le Vrai et le Bien, pris dans leur sens le plus absolu; et si parfois elle se porte vers les choses finies, c'est toujours selon l'ordre exigé par l'Absolu.

C'est ce qui produit le désaccord objectif entre la passion animale et la liberté morale. Les mouvements qui naissent de l'amour uniquement intéressé de soi-même ne peuvent s'harmoniser avec les jugements et les mouvements qui naissent de la connaissance et de l'amour du Vrai et du Bien.

Enfin, pour ce qui regarde l'opposition subjective, voici ce qui la produit. La force de l'âme étant limitée, il en résulte que le degré d'intensité qui se trouve en plus dans l'un des mouvements de l'âme manque aux autres mouvements; et si cette intensité est telle qu'elle attire complètement à elle toute la force de l'âme, les autres mouvements restent alors suspendus. « Cum passiones multum intenduntur, homo amittit totaliter usum rationis (Ia 2^{ae} q. LXXVII, a. 2). »

11. On dira peut-être : Pourquoi Dieu a-t-il abandonné l'homme à une si grande disproportion et opposition de forces?

La Philosophie répond : Dieu a voulu que l'homme luttât, fît des efforts pour le Bien, qu'il se trouvât ainsi dans l'obligation de reconnaître sa dépendance réelle, et le besoin qu'il a du secours divin ; qu'il priât pour obtenir ce secours. C'est ainsi que s'établissait la loi du progrès: *Efforce-toi, soumets-toi, prie.*

Quant à la Théologie, elle enseigne que cette disproportion et cette opposition viennent du péché. Car le péché a détruit la force surnaturelle de l'homme, son union avec Dieu et sa dépendance de l'Être Suprême. Or cette union et dépendance empêchaient les passions de nos premiers parents de perdre leur mesure, de quitter la voie de l'ordre et du bien.

12. Tout ce qu'on a enseigné jusqu'ici sur l'utilité des passions, sur leur disproportion et leur opposition, rencontre des contradicteurs.

Les Stoïciens pensent que les passions animales sont des principes d'illusion, et des germes de corruption ; qu'elles sont toutes volontaires, puisqu'elles prennent naissance dans l'imagination qui est au pouvoir de la volonté (Cf. Tull. IV, qq. Tusc., et 1 Acad.); que le Sage doit s'en délivrer, et dans la sérénité de sa sagesse rester impassible et imperturbable : *Sapientem apathem et imperturbabilem esse.*

Quant aux Saint-Simoniens, ils pensent que cette disproportion et cette opposition sont absolument factices, et proviennent d'un faux concept de la bonté morale. Tout est bien, disent-ils, dans l'univers, et la vie est un banquet où tout est plaisir. Par conséquent, qu'on ne vienne pas nous parler de croix et d'abnégation ; l'esprit ne doit point mortifier la chair, ni la chair l'esprit. La règle unique du désir ou de répugnance c'est le plaisir ou la douleur : et en présence de sentiments divers, il faut toujours se laisser conduire par le plus vivant et par le plus fort.

Ces doctrines des Stoïciens et des Saint-Simoniens sont des erreurs manifestes.

Les premiers se trompent en pensant que l'imagination est au pouvoir de l'homme, ainsi que les passions auxquelles elle donne naissance. La vérité c'est que, absolument parlant, l'homme, s'il est doué d'une liberté morale vigilante, peut se rendre indépendant de l'imagination et de la passion. Cependant il n'a pas le pouvoir affranchi et prompt de dissiper toutes ses imaginations et toutes ses passions, parce que les passions proviennent de l'imagination qui montre les biens sensibles sous un aspect attirant et enchanteur. Or, un bon nombre de ces imaginations résulte de la réalité, de conditions physiologiques absolument indépendantes de notre pouvoir.

Et supposé même qu'il fût donné à l'homme

de chasser ses imaginations et ses passions, on ne voit pas quel avantage il aurait à le faire ; car il a besoin de ses imaginations et de ses passions pour faire le Bien et y persévérer. Les joies pures de l'esprit pourront pendant un certain temps soutenir le courage ; elles ne seront pas assez fortes pour résister toujours à la douleur et pour triompher du plaisir. C'est un grand art que de savoir comment il faut s'y prendre pour triompher d'une passion par une autre.

La Philosophie chrétienne ne considère comme mauvaise aucune passion, pourvu qu'elle soit naturelle et sincère... Le mal est dans l'abus, lorsque l'homme se sert de la passion pour aller contre la règle fondamentale de l'ordre, lorsque celui qui ne devrait pas la suivre se laisse entraîner par elle, lorsqu'on l'emploie à contre-temps, avec excès, au delà de ce que sa fin réclame. « In disciplina nostra, dit saint Augustin (*De civ.* l. IX. c. 5), non tam quæritur, utrum pius animus irascatur, sed quare irascatur : nec utrum sit tristis, sed unde sit tristis : nec utrum timeat, sed quid temeat. Irasci enim peccanti, ut corrigatur, contristari pro afflicto, ut liberetur, timere periclitanti, ne pereat : nescio utrum quisquam sana consideratione reprehendat. »

Quant aux Saint-Simoniens ils renversent tout l'ordre moral, tel qu'il a été gravé dans l'esprit et dans le cœur de l'homme avec sa fin suprême, et son ordonnance des moyens à la fin. En outre, les faits viennent contredire leur doctrine. Celui qui s'abandonne sans mesure à tous les instincts de la nature perd toute dignité et se ravale au-dessous de la brute. Il n'y a que l'Absolu, l'ordre et la vertu qui ennoblissent l'homme; le reste n'est que la matière sur laquelle doivent travailler l'ordre et la vertu.

IX

DES PASSIONS CONSIDÉRÉES SELON LEUR MUTUELLE INFLUENCE.

1. Toutes les diverses passions dont nous avons parlé jusqu'ici ont les unes sur les autres une réciproque influence.

En effet, la substance de l'âme, reçue de Dieu, est pour ainsi dire la cause efficiente de ces directions premières qui sont ses facultés; et ces premières directions sont, à leur tour, comme la cause perfective et formelle de l'être de l'âme.

Or, la substance de l'âme et ses tendances premières, fond stable et constant dans l'homme, sont la cause efficiente de toutes les actions et de tous les mouvements; et ces mouvements reçus dans l'homme le font vivre et en accroissent l'être. De même, dans les mouvements de la conscience et de l'appétit, dans les mouvements vitaux et organiques, un mouvement influe sur l'autre, et tous influent les uns sur les autres. On dirait une force qui se répand comme se répandent les ondes sonores et les ondes lumineuses, et qui, tout en se répandant, se replie sur elle-même et développe sa vie. C'est ainsi que les choses se passent dans le déploiement de la vie, quand un mouvement en détermine un autre, et que, petit à petit, tous ces mouvements se déroulent et s'harmonisent, faisant entrer l'être vivant dans la pleine possession de son être. Quelquefois cependant ces mouvements se contrarient, et il arrive que l'un peut affaiblir et anéantir l'autre; l'excès, la trop grande intensité d'un mouvement nuit toujours à la légitime mesure des autres.

2. De cette réciproque influence des mouvements et des passions, nous pouvons déduire quatre lois. La première la voici : Tous les mouvements de la vie de l'homme, depuis les mouvements de la pensée jusqu'aux mouvements chimiques du corps, ont entre eux une réelle communication; elle est si faible parfois qu'on ne s'en aperçoit pas, mais elle n'en existe pas moins. Tout est solidaire dans ces mouvements, puisque chacun d'eux se trouve dans l'être vivant pour son plus grand bien.

L'autre loi, c'est que les influences des divers mouvements des passions se meuvent comme dans un cercle. Ces influences courent de l'âme au corps, du corps à l'âme; fatiguent l'organisme, le blessent, et finalement le détruisent. De fait, quand la passion organique se fait sentir dans l'âme, il se produit alors une seconde sensation qui s'actualise ; et elle produit dans le corps une nouvelle impression, qui rejaillit à son tour sur l'âme, pour aller affecter ensuite le corps ; et cet échange continue toujours.

Voici la troisième loi : dans une multitude de mouvements unis, le plus fort l'emporte sur le plus faible : il le brise, ou il le conduit à son gré.

La dernière loi se formule ainsi : les mouvements les plus faibles inspirés par les plus forts se ressentent de cette participation, et adoptent pour ainsi dire les conditions des mouvements qui les entraînent : ils semblent se spiritualiser, s'animaliser, se matérialiser, suivant que le mouvement le plus fort est spirituel, animal, ou corporel.

3. Il nous reste encore à ce sujet deux questions à résoudre : 1° L'influence de la passion peut-elle être assez forte pour détruire la liberté ? — 2° Comment se fait-il que les passions organiques puissent influer sur les passions animales, et celles-ci à leur tour sur les passions intellectuelles, étant donné que *agens est semper patiente honorabilius* ?

A la première de ces deux questions, nous répondons : La liberté, en tant qu'elle est une faculté, est aussi indestructible que la nature intellectuelle dont elle procède. — Toutefois, la passion peut annnihiler complètement l'usage de la liberté; puisque son intensité et son impétuosité sont capables de troubler et d'empêcher toute délibération de l'esprit, en le précipitant, ou du moins en l'affaiblissant.

Mais si l'esprit reste en éveil, si les chocs de la passion ne frappent pas à l'improviste, si la volonté de résister est énergique, alors la liberté est assez forte pour résister et il n'y a pas de passion qui soit capable de la soumettre. « Alii, dit Aristote (*Ethic.* lib. VII. c. 7), postquam deliberaverunt, non permanent in iis quæ deliberata sunt, propter perturbationem. Alios autem, quia non consultarunt, quovis trahit ac rapit perturbatio. Nonnulli enim, ut ii qui se ipsi ante titillarint, non titillantur ab alio; sic quia præsenserunt ac præviderunt, se ipsosque adeo ac rationis judicium antea expergefecerunt, a perturbatione non vincuntur, sive jucunditatem ea ostentet, sive dolorem intentet. »

A la seconde question, on répond : L'influence réciproque des passions, influence physique et réelle, s'explique facilement, si l'on réfléchit à la manière dont les passions peuvent mutuellement s'affaiblir et même se détruire. L'énergie de l'âme en effet est limitée; et quand elle s'applique avec force à un objet, il est clair qu'elle ne saurait s'appliquer avec la même force à un autre objet; si toute sa force s'applique à un objet déterminé, alors elle est comme absorbée complètement et incapable de s'occuper de tout autre objet. « Quum quis duabus simul energiis vacat, dit Aristote (*Ethic.* lib. X, c. 5), jucundior energia alteram elidit ; idque tanto magis, quanto ejus voluptas major fuerit : adeo ut tunc plane nihil, quod ad alteram energiam attinet, præstare ille possit. »

Mais si l'on se demande comment se produit ce contact actif, par lequel le corps influe sur l'âme, l'âme sur le corps, la partie animale sur la partie intellectuelle et la partie intellectuelle sur la partie animale, la réponse à cette question est excessivement difficile.

Tout d'abord il faut dire qu'en aucun cas le corps ne saurait mettre son empreinte dans l'âme, puisque l'âme est d'un ordre tout différent et bien supérieur à celui du corps. Il faut donc chercher dans l'âme elle-même la raison de cette influence. — L'âme est la forme du corps, et sent d'une manière concrète le corps auquel elle est unie ; par conséquent elle sent tous les changements et toutes les passions de son propre corps. Ce fait primordial étant admis, il faut dire que l'âme, dans laquelle prennent racine toutes les forces de l'homme, aussitôt qu'elle a été mise en activité par un premier sentiment, s'actualise graduellement elle-même en montant du moins au plus, ou en descendant du plus au moins. Tandis qu'elle est sous l'impression du sentiment de mouvements corporels, elle s'actualise elle-même dans la partie animale et intellectuelle avec des mouvements correspondants ; et lorsqu'elle est sous l'impression de mouvements intellectuels, elle s'actualise elle-même selon les mouvements animaux et organiques correspondants.

X

DES PASSIONS DE L'AME HUMAINE CONSIDÉRÉES DANS LEUR LIEN, LEUR ORIGINE, LEUR TERME.

1. Au commencement et à la base de toutes les passions de l'âme humaine se trouve son être, qui est reçu en elle, et qui est la première mise en acte de sa passivité ; par cela même que cet être est limité, il est la raison première de toute les réceptions ou passions ultérieures.

Cette première passion ontologique, en tant que passion, ne se rattache qu'à l'action créatrice de Dieu : c'est un lien intime, transcendental ; c'est une sujétion entitative, totale, de l'âme vis-à-vis de Dieu.

A cette passion comme à leur principe se rattachent un sentiment et une inclination : c'est le sentiment et l'amour que l'âme a de soi ; l'âme s'objective devant elle-même, et, se sentant et s'aimant, elle se reproduit pour ainsi dire dans l'ordre de la connaissance et de l'amour.

Mais à ce sentiment et à cet amour que l'âme

a de soi, se rattachent deux sentiments et deux amours, deux tendances originaires : l'une vers son propre corps, parce que l'âme est la forme du corps, l'autre vers le Vrai et le Bien suprêmes, puisque l'âme est intelligence et volonté.

De même, au sentiment et à l'amour du propre corps, se rattache un sentiment, un amour initial pour tout ce qui convient à l'union de l'âme et du corps — Au sentiment et à l'amour de Dieu se rattache un sentiment, un amour initial pour tout ce qui regarde l'union de l'âme avec Dieu.

Enfin ces deux tendances sont reliées l'une à l'autre : toutes deux sont destinées à être reçues dans la volonté libre, et à être développées par elle dans un mutuel rapport. Les tendances de l'âme vers le corps doivent se régler sur les tendances de l'âme vers Dieu, qui constitue l'union suprême et dernière, la plus parfaite et la plus noble de toutes.

2. Cela suffit pour expliquer quel est le lien qui réunit les passions. Voici maintenant leur origine. La première passion de toutes, celle par laquelle commence tout mouvement animal et intellectuel, est l'amour de soi. Il est impossible en effet qu'on aime quoi que ce soit qui n'implique en quelque manière l'amour de soi ; c'est lui qui inspire tous les autres amours.

3. Enfin, le terme dernier de toute passion, en

tant qu'elle est sous l'influence de la volonté libre, c'est Dieu, connu, aimé et servi; puisque le terme dernier de tout mouvement humain c'est la plus haute opération de l'homme vis-à-vis de son plus noble objet.

Donc toutes les passions humaines ont deux extrémités : la première qui se rattache comme à son principe et son origine à l'amour de soi ; la seconde qui se relie, comme à sa fin, comme à son terme, à la connaissance, à l'amour et au service de Dieu, Souverain Bien, Vérité absolue.

CONCLUSION

Le but de cette dissertation, sans vouloir dépasser les termes de l'article de saint Thomas, a été de tracer dans leurs grandes lignes toutes les actualisations de la passivité de l'âme humaine, et de montrer sa dépendance et sa sujétion vis-à-vis de Dieu.

Nous sommes donc à Dieu, et de Dieu ; nous sommes ses créatures ; nous sommes les passions de son action. Les premières et les plus nobles tendances de notre être, celles qui agitent tout dans l'homme sont pour Dieu — Nous, avec tout ce qui nous appartient, nous nous devons à Dieu.

Cette humilité véritable, et cette soumission réelle à Dieu, bien comprises, engendrent dans l'homme la passion du devoir, l'amour intense de Dieu, le désir de diriger tout son être vers Lui, de se placer sous sa dépendance et sous sa volonté. C'est la plus forte et la plus persévérante de toutes les passions, puisque ses racines sont dans le fond même de notre être. C'est la plus contente d'elle-même, parce qu'elle est la plus simple et la plus pure. Elle ne connaît pas le blâme, puisqu'elle vit toujours soumise à l'ordre ; elle porte avec elle sa grande récompense : *Dieu avec nous.*

DU POUVOIR EXTRAORDINAIRE
DE DIEU

SUR LES LOIS DE LA NATURE

DU POUVOIR EXTRAORDINAIRE DE DIEU

SUR LES LOIS DE LA NATURE

> *Utrum Deus possit facere aliquid præter ordinem rebus inditum?*
> 1ª P. q. 105 a. 6.

Au dire de tous les païens, passés et présents, la nature est une Déesse. Elle est; elle porte dans son sein tout ce qui est, le développement des choses et leurs mutuels rapports.

Selon la philosophie chrétienne, la nature est un effet de l'Absolu; elle est entre les mains de Dieu comme l'argile entre les mains du potier. Elle est quelque chose de moins encore; elle est la suprême dépendance sous le pouvoir de la suprême autorité; considérée par rapport à la Souveraine Puissance, elle est le néant : *Et substantia mea tanquam nihilum ante te* (Ps. 38. 6).

Et nous ne présentons pas cela comme une hypothèse, une explication quelconque de l'origine des choses, mais comme une vérité rigoureuse, portant avec elle toute la démonstration de l'évidence.

C'est la nature elle-même qui, se révélant à notre intelligence avec sa contingence, son mouvement, la série ordonnée de ses causes, la gradation de ses êtres plus ou moins parfaits, le nombre, le tempérament, l'harmonie, la bienfaisance réciproque des parties qui la composent, la constance de ses lois, ses tendances vers l'Unité, c'est la nature elle-même, dis-je, qui se montrant sous ce jour à notre intelligence, lui révèle l'Absolu, la causalité universelle, le souverain pouvoir de Dieu. Et c'est l'Absolu lui-même, qui, entendu comme Absolu, comme perfection complète sur toute la ligne de l'existence, comme *actus purus*, manifeste la totale dépendance de tous les êtres finis de leur causalité.

Concevoir avec précision et clarté l'Absolu et le fini; les distinguer entitativement l'un de l'autre; les unir sous le rapport de causalité et d'effet, tels sont sans contredit les points capitaux de la vraie philosophie. Nous les avons indiqués ici parce qu'ils servent de base à ce que nous allons exposer. En effet, si l'on ne présuppose pas tout d'abord l'existence de l'Absolu et du fini, leur distinction réelle, la dépendance du fini, de l'Absolu, il est impossible de traiter le sujet de cette dissertation, à savoir si *Dieu peut agir en dehors de l'ordonnance qu'il a imprimée dans les choses.*

Ceci étant posé, abordons maintenant notre sujet.

Quand saint Thomas traite cette question, il a toujours soin de distinguer dans l'ordonnance des choses deux rapports : l'un qui existe entre les choses et Dieu ; l'autre qui existe dans les choses entre elles. Celui-ci résulte de l'être, du mode d'existence et d'action dans les choses, de leur activité ou de leur passivité, de la place qu'elles occupent, de l'influence qu'elles exercent les unes sur les autres. Celui-là vient de ce que Dieu est cause, et que les choses sont effet ; or, entre la cause et l'effet, il y a nécessairement un rapport.

Voici donc ce qu'il s'agit d'examiner : 1° Peut-il se faire que Dieu opère en dehors de ces rapports immédiats que les êtres créés ont avec la causalité divine ? — 2° Peut-il se faire que Dieu opère en dehors des lois qui régissent les choses créées, en dehors des rapports qui les unissent ?

Ce sont là deux questions d'une importance capitale en Philosophie et en Théologie, parce qu'elles servent à mettre dans un relief exact le concept de la puissance de Dieu, à prouver la possibilité du miracle, qui est un des motifs de crédibilité de notre foi. Elles ont été cent fois traitées par les savants, et par conséquent n'auront pas l'attrait du nouveau. Je m'efforcerai d'être aussi bref que clair, de distinguer et d'établir chaque chose avec le plus grand soin.

I

Il s'agit de savoir tout d'abord s'il peut se faire que Dieu opère en dehors de l'ordre qui existe entre les choses créées et la causalité divine. Or, il est évident que non : parce que cet ordre consiste dans le rapport qu'ont les êtres finis avec la sagesse, avec la volonté et la bonté de Dieu. Prétendre que Dieu pourrait faire quelque chose en dehors de cet ordre, ce serait dire que Dieu peut opérer sans sagesse, sans volonté, sans bonté; en d'autres termes que Dieu peut opérer en dehors de l'essence de son opération, qui est essentiellement sagesse, volonté, amour, etc. *Si ordo rerum consideretur prout dependet a prima causa, sic contra rerum ordinem Deus facere non potest : si enim sic faceret, faceret contra suam præscientiam aut bonitatem.*

Il n'en faudrait pas davantage pour établir avec force et évidence notre conclusion. Mais il est aussi nécessaire qu'intéressant d'énumérer une à une les lois de cet ordre, de les considérer dans leurs raisons, dans leur rapport avec la créature, c'est pourquoi il faut les établir ici avec leur nombre exact, leurs preuves particulières et leurs formules précises. La première loi regarde la forme, la seconde la matière, la troisième le terme, et les quatre autres, les modes de la causalité divine, c'est-à-dire, la liberté, l'indépendance, l'universalité, l'immutabilité de l'action de Dieu. Étudions-les les unes après les autres.

1° La cause première est une cause essentiellement intelligente et voulante. Elle est voulante parce qu'elle est intelligente ; la volonté et l'amour sont des conséquences nécessaires de la connaissance du bien ; un bien connu est un bien aimé.

Elle est intelligente, parce qu'elle est l'absolue perfection et la suprême immatérialité.

Comme perfection absolue, elle exige qu'on lui attribue tout ce qui lui est nécessaire pour qu'elle ne soit pas rangée dans la catégorie des êtres défectifs. Et certes la divine perfection serait défective, si on lui refusait l'intelligence ; parce que, absolument parlant, mieux vaut être intelligent que ne pas l'être.

De même la suprême immatérialité est la racine de la connaissance suprême, en ce que, étant absolument dégagée de toute matière qui est un principe de limitation, son être s'agrandit souverainement dans la sphère du possible : *est ipsa et est aliud*. Elle est elle-même, parce qu'elle est ce qu'elle est ; elle est tout ce qui est en dehors d'elle au moyen de la connaissance qu'elle en a, parce que ce qui connaît est idéalement ce qui est connu. — Telle est la raison que donne saint Thomas pour prouver que Dieu est souverainement intelligent : l'immatérialité est la raison de l'intelligence ; et le mode de l'un est le mode de l'autre. « *Immaterialitas alicujus rei est ratio quod sit cognoscitiva ; et secundum modum immaterialitatis est modus cognitionis* (1ª P. q. XIV, a. 1.) »

De plus, il appartient à la raison essentielle de la cause première d'être intelligente et voulante, car la forme essentielle de la cause première est d'être sagesse et amour. En effet, la cause première est l'être premier, et l'être premier est essentiellement l'être intelligent et aimant : « *Ipsum esse causæ agentis primæ scilicet Dei, est ejus intelligere* (1ª P. q. 14, a. 5.) » Ces paroles sont ainsi commentées par le cardinal Cajétan : « *Esse Dei, ut primæ causæ, ut sic, intelligere est; quoniam non ex eo quod est, sed ex eo, quod intelligit, ut intelligit, non ut est, causat, et causativus naturaliter est.* » Ceci peut très clairement s'établir, si l'on considère que la cause première doit être une cause très excellente, douée d'une vertu telle qu'il est impossible d'en concevoir une meilleure. Or il n'est possible de concevoir que trois sortes de vertus agissantes : celle qui opère parce qu'elle est, celle qui opère parce qu'elle sent, celle qui opère parce qu'elle est intelligente. Et de ces trois efficiences, la plus noble, sans contredit, est celle qui opère parce qu'elle est intelligente.

Il est donc vrai que la Sagesse et l'Amour — et non pas l'Inconscient, non pas l'être souverainement abstrait, non pas la force aveugle et la matière, — mais l'infinie Sagesse et l'Amour infini sont au commencement de tout, produisent tout ; et les choses créées ne peuvent se soustraire à cet ordre de sagesse et d'amour.

Donc, la première loi de la causalité divine est celle-ci : *Il ne peut se faire que l'action de Dieu s'actualise dans les choses, autrement que par son savoir et son vouloir, ni que les choses produites ne se rapportent pas au savoir et au vouloir divins.*

2. La matière, ou l'objet de la causalité divine, que les Saintes Écritures appellent *materia invisa* (Sap. 11, 18), n'est pas la matière maniable, sur laquelle, selon le dualisme philosophique qui la considère comme un sujet préexistant à l'action de Dieu, Dieu mettrait l'empreinte de son art divin. Par matière, nous entendons les choses possibles, qui n'existent nullement en soi, mais qui sont idéalement dans l'esprit de Dieu, par le moyen de la participabilité de la nature divine, et qui dépendent dans leur production de la puissance créatrice.

L'évidence du principe de contradiction démontre immédiatement que la matière de la causalité divine n'est pas autre chose que l'être possible. En effet, en dehors de l'être possible, il n'y a que l'impossible, et l'impossible est la négation absolue de l'être, et par conséquent de sa productibilité.

Saint Thomas le confirme et le déclare, en invoquant la nécessité de la ressemblance qui doit exister entre l'effet et la cause. Il est certain que la raison de cause consiste dans la force, dans la puissance de production. Or, à un tel pouvoir correspond nécessairement la possibilité d'être produit; et cette possibilité n'est autre en réalité que la participabilité ou l'imitabilité de la cause productive, *de l'essence créatrice de Dieu*. « *Cum unumquodque agens agat sibi simile, unicuique potentiæ activæ correspondet possibile, ut objectum proprium secundum rationem illius actus in quo fundatur potentia activa* (1ᵃ P. q. 25, a. 3). »

Donc, il ne peut y avoir d'efficience divine, ni de productibilité des êtres, si ce n'est dans l'ordre de l'existence possible. Le néant absolu, le oui et le non sur la même chose et dans le même temps, reste nécessairement et éternellement le néant.

Et voici une autre loi qui a toute l'évidence possible, et qui se doit ainsi nettement formuler :

L'objet qui peut être produit par la puissance de Dieu n'est pas autre chose que l'être possible.

3. Quand Dieu produit des êtres semblables à ces êtres possibles, à ces raisons idéales qu'il contemple dans son esprit, à cette *matière invise à la forme exemplaire* qui est son essence créatrice il se meut toujours en vertu de sa bonté, et c'est cette bonté qu'il vise comme terme dernier, comme fin suprême de son activité. C'est sa bonté qui le pousse à sortir de lui-même, c'est sa bonté à laquelle il ordonne toute son action. — Certes, Dieu est une cause immuable, absolument indépendante; dans son essence il n'y a pas deux parties, l'une qui serait active et l'autre patiente; non, en lui, tout est un, tout est une forme d'une absolue simplicité, tout est activité; mais, comme nous l'avons dit, la Sagesse et l'Amour, le Vrai et le Bien, étant la forme essentielle de son pouvoir actif, il ne peut se faire que son activité n'imprime pas dans les choses produites une ressemblance communiquée du Vrai et du Bien, car la cause agissante laisse toujours son empreinte dans l'effet qu'elle produit. « *Cum namque omne agens agat sibi simile, quantum est agens, agit autem unumquodque secundum suam formam, necesse est, quod in effectu sit similitudo formæ agentis* (1a P. q. IV; a. 3). » Et puisque les choses créées doivent développer leur activité selon les règles de l'être

qu'elles possèdent, il s'ensuit que cette activité doit, dans son développement, tendre vers le Vrai et le Bien divins... En effet, si leur être et leur perfection commencent par une participation du Vrai et du Bien divin, il est évident que cet être et cette perfection ne pourront se développer que par une participation plus grande à ce Vrai et à ce Bien. N'est-il pas vrai que toute intelligence créée se développe par une plus grande manifestation du Vrai, et par un plus grand amour du Bien? Quant aux êtres dénués d'intelligence, il est évident qu'ils ne peuvent pas connaître le Vrai, ni s'attacher au Bien par un amour immédiat et formel; toutefois, au point de vue de l'être, ils participent à la fois et de l'un et de l'autre. Quand l'intelligence créée s'empare de ces êtres, et les vivifie pour ainsi dire intellectivement, alors ils servent à glorifier le Vrai et le Bien, et à exciter envers eux un amour plus profond et plus ardent.

Donc Dieu, qui est le principe de l'univers tout entier et de chacune de ses parties, met tout en mouvement par le désir de soi, et attire tout à soi. *Il ne peut se faire que Dieu produise une chose sans l'incliner et la convertir à soi.* Et c'est là la troisième loi qui regarde l'activité divine, quant au terme dernier des choses.

4. Si nous considérons maintenant le mode

de l'action divine, la première loi qui s'impose à l'intellect est la loi de liberté ; c'est-à-dire que Dieu ne sort pas de lui-même, comme si son être le poussait à agir, ou comme si son activité n'était qu'un développement nécessaire et forcé de sa nature ; non, si Dieu sort de lui-même, c'est de son plein gré, c'est parce qu'il le trouve bon, c'est parce qu'il le veut ainsi, tout en conservant la faculté de vouloir et d'agir différemment. Si une chose passe du néant à l'existence, de l'état d'être possible à l'état d'être réalisé ; si une chose reste dans son néant ou dans sa pure possibilité, si telle chose est produite plutôt que telle autre, si telle ordonnance se manifeste au lieu de telle autre, tout cela dépend du vouloir libre de Dieu, et n'est soumis à aucune nécessité. Étant donné que Dieu est l'être premier à qui rien ne manque, il n'a aucun couronnement à donner à son être, il est impossible que sa perfection puisse grandir, puisqu'elle est... la perfection. Et s'il sort de lui-même, il ne peut y être nécessité par un objet externe, Lui qui est la cause première de tout perfectionnement. Donc, si Dieu crée les choses finies, ce n'est pas sous la poussée impérieuse d'une nécessité intrinsèque ou extrinsèque ; il est le maître absolu de ses opérations.

Ceci se confirme aussi par l'immensité de l'intellect divin. L'intelligence divine embrasse des séries innombrables d'êtres possibles, d'ordonnances multiples et différentes de ces êtres possibles, et n'est pas plus inclinée à telle série, à telle ordonnance plutôt qu'à telle autre. C'est donc le choix libre de Dieu qui détermine quels sont les êtres possibles, et quelles sont les ordonnances, auxquels il permettra de sortir de leur néant, et de la cause susceptible de les produire.

Et voici maintenant la loi que nous pouvons établir : *Il répugne absolument que Dieu, sortant de lui-même, opère la moindre chose sous l'empire de la nécessité; ou bien qu'une chose existant en dehors de Dieu puisse prétendre à la nécessité absolue de son être.*

5. Dieu a voulu que dans l'ordre créé existassent des êtres doués de l'efficacité productrice, il n'y a dans la nature aucun être qui ne travaille, et qui par conséquent n'exerce une certaine efficacité productrice. Cet ordre d'efficacité est de deux genres : l'un est intrinsèque, immanent, vital; par exemple, de la substance de l'âme naissent, par suite d'une certaine efficience propre à cette âme, ses puissances vitales qui sont l'intelligence, la volonté et le sentiment; ces puissances produisent à leur tour les actes qui s'appellent comprendre, vouloir et sentir; d'un acte en naît un autre, comme dans le raisonnement, où, par voie de déduction, la conclusion jaillit des prémisses; ou comme dans le

mouvement de la volonté, où nous voyons le désir de la fin inspirer le désir des moyens.

L'autre genre est une efficacité extrinsèque; c'est la production de l'effet naissant en dehors de sa cause. C'est ainsi que le mouvement dans l'espace produit un autre mouvement, que le feu produit le feu, que le végétal, l'animal, l'homme peuvent engendrer un être qui leur est semblable.

Or, il est impossible que dans l'ordre de l'efficacité vitale Dieu produise un effet sans la cause seconde; parce que de tels effets réclament nécessairement une cause intrinsèque, vitale, qui se meuve elle-même par une vertu intime. On ne saurait comprendre comment l'homme pourrait voir, comprendre, aimer, sans qu'il produise lui-même un acte de vision, d'intelligence et d'amour. En d'autres termes, il répugne absolument que Dieu produise immédiatement, en dehors de lui-même, un acte de vision, d'intelligence et d'amour, sans un sujet auquel cet acte s'attache, sans un être voyant, sans un être aimant. Nous l'avons dit, de tels effets ont un rapport essentiel d'intimité avec la cause qui les produit : ils sont, par essence, l'intime propriété du sujet qui les produit en lui-même.

Dans l'ordre de l'efficacité extrinsèque, qui agit en dehors, tout ce que peut faire la cause seconde, Dieu peut le faire immédiatement par lui-même, sans le concours de la cause seconde.

Si un corps peut mouvoir un autre corps, si le feu peut produire un autre feu, une plante une autre plante, un animal un autre animal, un homme un autre homme, à plus forte raison Dieu peut-il faire la même chose par lui-même, Lui qui est la puissance infinie, le Créateur des choses et de leur efficacité. Dans les diverses séries des causes secondes, qui donc produit la première, si ce n'est Dieu ? Or, ce qu'il a pu faire une fois, il est évident qu'il le peut toujours.

Et nous avons alors la cinquième loi que nous formulons ainsi : *Dans l'ordre des efficiences externes, les choses dépendent essentiellement de Dieu seul ; et il n'est pas possible que Dieu fasse dépendre essentiellement d'une cause seconde la production de tel ou tel effet.*

6. Quant à la sixième loi, ce qu'on peut dire avec certitude, c'est que la force, ou l'activité productive de Dieu, est aussi absolue et parfaite que son être est absolu et parfait. A vrai dire, la puissance de Dieu n'est pas *une force*, c'est *la force, ipsa virtus*, infinie, complète dans l'ordre de cause première, universelle, et cela d'une façon si absolue qu'il n'y a rien, si petit et si insignifiant soit-il, dans l'ordre des existences, qui ne dérive et ne dépende tout d'abord de la causalité première. — Pour mieux mettre cette vérité en lumière, nous pouvons raisonner ainsi apodictiquement : la puissance divine est aussi

étendue que l'est la participabilité divine; la participabilité divine est aussi étendue que la sphère des possibles ; la sphère des possibles est aussi étendue que la sphère de tout ce qui n'a aucune répugnance à exister en dehors de Dieu. Donc la puissance de Dieu est la raison suprême de tous les possibles. Elle est la cause de la substance, la cause de l'accident, de l'être, de l'activité, de tous les modes et de toutes les différences de l'être et de l'activité. Dieu est l'immensité de l'être et de la force ; l'être, la nécessité, la contingence, la liberté de la créature, tout est sous l'action de Dieu.

Saint Thomas démontre l'universalité de l'efficacité divine en la comparant à l'universalité de l'être premier logique. La causalité divine embrasse, dans l'ordre des efficiences, tout ce qu'embrasse dans l'ordre des attributions formelles l'être généralissime. Il n'y a rien en dehors de la cause, en dehors du néant, et il n'y saurait rien exister auquel on ne puisse attribuer l'être ; de même, rien n'existe, rien ne peut exister, qui ne dépende de l'efficacité divine. « Eadem ratio, ce sont les paroles du saint Docteur, est in causis agentibus, quæ est in causis formalibus. In formis autem sic est, quod, licet aliquid possit deficere ab aliqua forma particulari, tamen a forma universali nihil deficere potest. Potest enim esse aliquid, quod non est homo, vel vivum; non autem potest esse aliquid, quod non sit ens. Unde hoc idem in causis agentibus contingere oportet : potest enim aliquid fieri extra ordinem alicujus causæ particularis agentis, non autem extra ordinem alicujus causæ universalis, sub qua omnes causæ particulares comprehenduntur... Unde effectus ordinem causæ universalis nullo modo potest exire (1ª P. q. 19, a. 6). »

La sixième loi, qui détermine ce mode d'universalité de la divine efficience, se formule ainsi : *Dieu ne peut pas faire qu'une cause seconde produise une chose qui, en même temps, ne soit pas complètement produite par Dieu, dans l'ordre de la cause première.*

7. Enfin, il est certain que Dieu ne fait rien, n'actualise rien en dehors de lui, ne produit pas ceci ou cela sans le décret ou sans l'intervention de sa volonté. Ce décret, tout en étant librement voulu, tout en étant le principe de certaines modifications, reste cependant immuablement et toujours le même. Il s'appuie sur un savoir infiniment parfait, qui connaît tout, prévoit tout, ne se repent de rien ; il ne peut donc pas s'appeler un nouveau vouloir. C'est un décret éternel, et l'éternel ne change pas.

Bien que, absolument parlant, Dieu puisse décréter telle chose ou telle autre, telle ou telle ordonnance, cependant, une fois le décret porté, Dieu ne change plus, et ne saurait agir dans un sens différent de celui qui a été décrété. Il est donc impossible que l'ordonnance des choses se développe différemment de ce qui est décrété *ab œterno* dans l'intelligence divine. — Et nous établissons ainsi la septième règle : *Le vouloir de Dieu change les choses, et ne se modifie jamais.*

Nous en avons dit assez pour ce qui concerne l'énumération, l'explication, la formule des lois, qui régissent l'ordre existant entre les choses créées et la causalité divine.

On dira peut-être : « Dieu et l'activité de Dieu sont essentiellement suprêmes, et ne sont pas soumis à des lois. Qui dit *loi*, dit *lien*. C'est donc très improprement qu'on applique à l'action de Dieu ce nom de *loi*.

Il est vrai que Dieu n'est en vérité soumis à aucune loi, étant Lui-même la Loi. C'est la pauvreté de notre intelligence, qui nous force à concevoir la Sagesse, l'Amour, la Force, comme des formes qualificatives, comme des lois dirigeant l'être et l'efficience de Dieu ; tandis qu'en réalité Sagesse, Amour, Force sont la substance même, l'activité et l'action de Dieu.

D'après tout ce que nous avons dit jusqu'ici, il apparaît clairement que la Sagesse, l'Amour, l'Idéal ou l'Essence créatrice, la Puissance, sont au principe de l'univers et de chacune de ses parties ; que la Bonté divine se tient au terme ;

que les modes de l'activité divine, qui est la raison et le principe de toute chose, qui tout meut, qui tout comprend, que ces modes, dis-je, sont la Liberté, l'Indépendance, l'Universalité, et, au milieu des incessantes variations et des continuelles vicissitudes des êtres, l'Immobilité. Dieu ne sort pas de cet ordre.

Tel est notre enseignement sur ces rapports nécessaires et immuables entre la cause première et les êtres finis. Combien il est différent de celui qui opprime aujourd'hui tant d'intelligences, qui ont le malheur de le suivre ! En le suivant, elles

oublient la noblesse de leur nature,
se résignent à être comptées parmi les brutes,
attribuent le gouvernement des choses
aux éléments muets
qui forment les astres, et ignorent
le pourquoi de leur destinée (1).

(1) Terenzio Mamiani, *Hymnes sacrées*.

II

L'autre point à étudier est celui-ci : la puissance divine peut-elle agir en dehors de ces rapports uniformes et constants, qu'ont les êtres entre eux ?

Tout d'abord il faut considérer que toutes les choses de l'Univers n'existent que parce que Dieu a voulu qu'elles existent ; si elles persévèrent dans leur être, c'est parce que Dieu a voulu qu'elles y persévèrent ; si nous voyons telles espèces de choses plutôt que telles autres, tels individus plutôt que tels autres, telles ordonnances plutôt que telles autres, ceci dépend également du vouloir de Dieu. Il est infini en bonté, absolument indépendant des choses finies, dégagé de toute nécessité, et par suite libre.

Donc Dieu pouvant produire à son gré d'autres espèces d'êtres, des ordonnances différentes de celles que nous voyons dans la nature, peut conséquemment agir en dehors de l'ordre qui existe dans les choses.

Mais à vrai dire ce n'est pas là la question

qui nous occupe. Notre but est d'étudier la puissance absolue et suprême de Dieu, relativement à l'ordre actuel, qui régit les choses de la nature entre elles. La question posée est celle-ci : Au milieu de cette immense multitude variée d'événements naturels, certains faits se répètent et se renouvellent d'une manière constante et uniforme. Cette constante uniformité, saisie par l'intelligence, devient comme un type, comme une forme de ce qui arrive dans la nature ; ce type, ou forme, s'appelle loi physique ou naturelle. Or, il s'agit de savoir s'il est possible que Dieu opère dans la nature en dehors de cette loi. En d'autres termes : cette constante uniformité d'événements, qui apparaît à l'intellect humain, et qui s'appelle loi physique, doit-elle être considérée par nous comme une constante uniformité, qui ne serait soumise à aucune condition, et qui serait essentielle aux choses existantes ; ou bien faut-il la considérer comme soumise à une condition, comme dépendant si complètement du vouloir divin que Dieu, s'il le voulait, pourrait agir en dehors d'elle ?

Tout d'abord disons qu'il faut admettre dans l'univers une certaine nécessité, qui est comme le nœud caché, la base solide, l'ossature de l'apparente variété. Si les essences des choses sont ce qu'elles sont, cela ne dépend pas, comme le prétendent Descartes et Poiret, du simple vouloir de Dieu ; elles peuvent exister ou ne pas exister ; mais, si elles existent, elles doivent être ce qu'elles sont, parce qu'elles sont des copies de la participabilité, ou mieux de l'imitabilité divine, qui est immuable. L'homme qui existe ne peut pas exister sans âme rationnelle ; l'âme rationnelle porte avec elle la nécessité intrinsèque, essentielle d'incorruptibilité ; l'intellect et la volonté sont des forces essentiellement spirituelles, qui sont essentiellement ordonnées au vrai et au bien ; et ainsi de suite.

Mais à côté de ces nécessités, que de contingences ! C'est-à-dire, combien de lois qui, tout en étant constantes et uniformes *dans la nature*, sont cependant mobiles *par leur nature !*

La grandeur et le volume des corps, leur nombre, leur position dans l'espace, leur distance, leurs unions et leurs désagrégations, leur fixité ou leur mouvement, tout cela peut avoir une certaine convenance dans leur ordonnance, mais ce n'est pas une nécessité de leur essence. — Que dire du mouvement, ce ressort infini qui ne laisse rien en repos dans la nature? Cette condition si universelle et si active de toutes les vicissitudes et de toutes les générations, de tout temps et de tout lieu, est le véritable miroir de la contingence ; la détermination et le degré de sa vitesse, sa direction vers une partie de l'espace plutôt que vers une autre, sa rectitude ou sa sinuosité, ses ascensions ou ses descentes, tout cela est pure contingence.

On dira peut-être que le mouvement est la propriété essentielle de la matière, qu'il est le rythme éternel de l'éternelle nature. — Mais le mouvement n'est pas, et ne peut être éternel ; c'est une alternative ininterrompue de l'être et du non-être ; tout est commencement, tout est terme dans le mouvement. Il faut donc le subordonner au premier moteur immobile. Le mouvement qui prépare et exécute toute la belle ordonnance du monde, qui dans une infinie variété sait conserver la plus harmonieuse unité, qui pourvoit aux besoins de tous les êtres, qui unit les contraires, qui dirige chaque chose vers un but déterminé, ce mouvement-là est l'instrument d'un être qui existe essentiellement, qui est intelligent, voulant, libre, immuable ; le mouvement dans la nature n'est autre chose que la main de Dieu.

Et maintenant raisonnons : Celui qui peut imprimer au mouvement des choses une direction différente de celle qui est dans la nature peut évidemment agir en dehors de l'ordre et des lois qui régissent la nature ; puisque c'est le mouvement qui imprime l'ordre et exécute les lois. Or, que Dieu puisse faire cela, nul être qui raisonne n'osera le nier.

Examinons maintenant notre conclusion d'une

manière plus concrète et plus particulière, comme le fait notre Maître, surtout dans son chapitre quatre-vingt-dix-neuvième de son troisième livre contre les Gentils ; notre esprit tirera de ces considérations une lumière plus complète.

1. Et tout d'abord, on trouve dans les êtres de la nature, et dans leur activité, des degrés divers de perfection, si parfaitement ordonnés que le degré supérieur est capable de modifier les lois du degré inférieur. Par exemple, dans les végétaux, quand la lymphe ou suc vital monte dans le corps ligneux pour redescendre ensuite par l'écorce, il se produit un phénomène, qui est en dehors de la loi de la pesanteur, de même quand les forces végétales de l'animal se modifient sous l'action de la sensibilité et surtout de l'imagination, quand les forces animales subissent l'influence des forces intellectuelles, il y a là des phénomènes qui dépassent évidemment la condition propre des forces modifiées. Et les choses ne pourraient se passer autrement, parce que l'idée que l'esprit se forme des rapports entre l'inférieur et le supérieur, c'est que le premier doit se laisser manier, modifier et plier selon les convenances du second ; il doit être *quid parens*.

Or, ce que peut une classe particulière d'agents supérieurs sur une autre classe d'agents inférieurs, à plus forte raison Dieu le peut-il par rapport à tous les agents, à toutes les ordonnances de la nature. Il n'y a dans l'ordre créé aucune chose qui soit aussi soumise à une autre, quelque supérieure que soit cette autre, autant que les êtres créés et toutes leurs dispositions le sont à Dieu. *Universa creatura magis est Deo subdita, quam corpus humanum sit subditum animæ ejus* (C. G. L. III, c. 99). Dieu donc peut agir dans un sens différent de l'ordonnance qui existe entre les créatures.

2. Nous arriverons à nous confirmer dans la même vérité, si nous considérons que l'ordonnance actuelle des choses n'éveille dans l'esprit humain aucune idée de nécessité, mais seulement de haute convenance. Bien mieux, l'homme lui-même peut, par la réflexion, découvrir dans les choses mêmes de la nature bien d'autres ordonnances que celles qu'elles ont : qui donc n'a jamais fait de miracles par la pensée?

Or, l'homme ne pourrait pas mettre dans les choses de la nature ces modifications nombreuses que crée son esprit, si elles n'étaient pas possibles, parce que l'impossible est la négation absolue de l'être, de l'intelligible, du verbe de l'esprit : l'impossible ne se pense pas, ne peut pas se penser parce qu'il n'est pas intelligible : *Id quod contradictionem implicat*, dit saint Thomas, *verbum esse non potest, quia nullus intellectus potest illud concipere* (1ª P., q. 25,

a. 3), et ailleurs il dit que l'intelligible est la vérité, existante ou possible : *Intelligibile autem est res* (C. G. lib. I, c. 43 edit. Uccelli). Donc, si l'esprit ne peut pas concevoir l'impossible ; et si cependant, dans les choses qui existent, il conçoit d'autres rapports, d'autres ordres possibles, il en résulte que ces rapports divers, ces ordres variés de choses conçus par l'esprit sont vraiment possibles. Or, le possible est le terme de la puissance divine.

Et c'est là la seconde raison de saint Thomas. Étant donné que nous pouvons rêver d'autres lois dans la disposition des choses, il en conclut que l'intelligence et la puissance divines ne sont pas nécessairement déterminées à l'ordre actuel qui existe dans la nature. *Intellectus divinus non est determinatus ad hunc ordinem ex necessitate, ut nullum alium ordinem intelligere possit, cum et nos alium ordinem per intellectum apprehendere possimus ; potest enim intelligi a nobis, quod Deus hominem absque semine ex terra formet* (C. G. liv. III, c. 99).

3. De plus, il me semble, à moi, que ce que nous expérimentons en nous-mêmes au sujet de nos œuvres, de nos imaginations, de nos pensées et de nos vouloirs, par rapport à nous, doit aussi se dire, à plus forte raison, des œuvres de Dieu par rapport à Dieu. Or, n'est-il pas évident que nous pouvons à notre gré disposer

de mille manières, plus ou moins gracieuses et variées, cette multitude infinie d'actions que nous produisons dans l'intime de notre être, sans que pour cela notre âme soit déterminée à tel ou tel arrangement plutôt qu'à tel autre? Pourquoi n'en serait-il pas de même de Dieu par rapport à l'ordonnance générale des choses de la nature?

4. On voit en outre que, dans la réalité des choses, il y a trois ordres de forces et de changements : 1° la force et la modification purement naturelles, aveugles, nécessaires, dépendant de l'état de repos ou de mouvement, dans lequel se trouvent les corps ; — 2° la force et la modification simplement libres, par exemple, quand l'homme prend conseil de lui-même, et, maître de ses propres actions, les ordonne et les dirige comme il l'entend ; — 3° la force et la modification où prennent part à la fois la nature et la liberté : telles sont toutes les œuvres de l'art. La nature nous donne sept notes harmonieuses, sept couleurs brillantes : et avec cela que de chefs-d'œuvre de musique et de peinture arrive à produire le libre arbitre de l'homme! La nature nous fournit l'étendue : or, quelle immense variété de figures peut produire la main libre de l'homme avec et par elle! Il n'est donc pas téméraire de conclure que ce que peut dans un cercle très restreint le libre arbitre de l'homme,

en donnant comme il lui plaît les dispositions les plus variées à certains êtres déterminés, Dieu pourra le faire aussi, et sur une plus vaste échelle, et dans une sphère beaucoup plus étendue, vis-à-vis de l'ensemble des êtres qui composent cet univers aussi bien que vis-à-vis de chacun d'eux ; c'est-à-dire qu'il pourra produire en eux des changements et des modifications que les seules forces de la nature seraient impuissantes à réaliser.

5. Enfin, et c'est là la raison sur laquelle saint Thomas insiste le plus pour établir sa thèse — nous voyons dans la nature que toutes les modifications substantielles ou accidentelles sont produites par l'intermédiaire des causes secondes. Telle est la loi. La plante est produite par la plante, l'animal par l'animal, l'homme par l'homme, et aucun changement n'a lieu dans la nature, si ce n'est sous l'influence d'une modification préalable. Or, cette loi qui relie les effets sensibles aux causes secondes n'est pas essentiellement nécessaire. Dieu peut opérer le même effet que les causes secondes sans leur concours. D'ailleurs, comme nous l'avons dit, l'être de la créature ne serait même pas possible, si l'être de Dieu n'existait pas : l'efficacité de la créature ne serait pas davantage possible, s'il n'y avait pas d'abord l'efficacité divine : l'être créé est une ressemblance communiquée de l'être divin,

et l'efficacité créée est une participation de l'efficacité divine. Dieu, la cause première est capable de réaliser par elle seule tout ce que peut produire la cause seconde.

Cette même vérité reçoit de l'expérience une nouvelle confirmation. Dans la série ordonnée des causes secondes, il est impossible de remonter toujours jusqu'à l'infini ; il faut de toute nécessité arriver à la première cause seconde qui doit certainement être produite. Mais elle n'est pas produite par une autre cause seconde ; donc elle est produite par Dieu. Or, ce que Dieu a pu faire une première fois sans le concours de la cause seconde, il le peut toujours ; car la première production des causes secondes n'a pas épuisé ni limité sa puissance. *Unde et potest (Deus) præter hunc ordinem institutum agere cum voluerit; puta, agendo effectus secundarum causarum sine ipsis.* Dieu peut, par lui seul, réorganiser cette portion de substance corrompue, qui s'appelle un cadavre, lui rendre son âme rationnelle, et ainsi ressusciter un mort ; il peut récomposer en un instant l'équilibre et l'harmonie des forces organiques, et guérir l'animal ; il peut insuffler une nouvelle vie, et, en moins de temps qu'il n'en faut pour le dire, couvrir de fleurs et de fruits les arbres arides et desséchés.

Voilà les preuves qui font voir la puissance de

Dieu sur les dispositions et les lois de la nature. — Dieu peut produire des effets qui ne peuvent être produits par aucune vertu créée ; il peut produire des effets que les causes créées peuvent produire, mais il peut le faire sans leur concours, par lui seul, immédiatement : *Potest Deus præter hunc ordinem institutum agere, cum voluerit ; puta, agendo effectus secundarum causarum sine ipsis ; vel producendo aliquos effectus ad quos causæ secundæ non se extendunt.*

III

Examinons maintenant les sophismes à l'aide desquels la fausse philosophie essaie de renverser la doctrine que nous avons défendue. Toutes ces objections partent ou bien d'un faux principe, ou bien de notions confuses, absolument incomplètes et défectueuses.

1. Tout ce que Dieu veut et détermine, dit Spinoza (*Traité théologico-politique*, c VI) implique une nécessité et une vérité éternelles, parce que l'intelligence et la volonté de Dieu sont une seule et même chose. Dire que Dieu veut une chose, c'est dire qu'il la pense. Or, la pensée de Dieu est nécessaire ; donc son vouloir l'est également. Donc tout effet est nécessaire, en tant qu'il est nécessairement voulu par Dieu.

Réponse. — La pensée et la volonté de Dieu, considérées dans leur être propre, telles qu'elles sont en réalité, font partie de l'essence de Dieu, qui est une forme très simple, indivise, et indivisible dans son unité, une forme qui réunit éminemment et indivisiblement dans sa simplicité toutes les perfections des êtres. Mais, malgré cette unité parfaite et cette simplicité absolue, Dieu, connu analogiquement par notre intelligence, peut se montrer à nous sous des aspects différents, et prendre des noms variés, — Nous l'appelons *intelligence*, en tant que nous considérons en lui cette forme particulière qui est la connaissance de la vérité ; nous l'appelons *volonté* en tant que nous concevons en lui l'amour du bien : c'est la pensée et l'amour nécessaires de Dieu, si on le considère dans le rapport avec sa vérité et sa bonté ; c'est la pensée et l'amour libres de Dieu, dans le rapport avec les vrais, et les biens produits par son action. Et toutes ces formes, qui apparaissent différentes à notre intelligence, ne sont qu'une seule et même chose en Dieu ; parce que, sans être d'une manière déterminée plutôt l'une que l'autre de ces formes, Dieu les surpasse toutes, et son unité les embrasse dans un mode éminent. — Évidemment cette doctrine dépasse nos conceptions finies et limitées ; nous savons cependant avec certitude qu'elle est vraie ; parce que nous savons que l'Absolu existe, qu'il est la raison première de toutes les perfections existantes et possibles, qu'il les concentre toutes en lui dans une forme très simple et très parfaite ; qu'il est intelligence et volonté, qu'il s'aime nécessairement lui-même, qu'il pense et aime librement en dehors de lui. Il n'est donc pas vrai que ce que nous appelons en Dieu la pensée soit la volonté; il n'est pas vrai qu'on ne puisse découvrir en lui que la seule forme de l'activité nécessaire. — La seule nécessité qui se puisse attribuer à Dieu par rapport aux êtres finis est la nécessité d'immutabilité hypothétique ; parce que le rapport du décret de sa volonté relativement aux choses extérieures, une fois établi, reste immuablement le même.

2. On dira peut-être avec le même Spinoza que les lois universelles de l'univers sont les décrets mêmes de Dieu. Et comme ceux-ci dérivent nécessairement de la perfection divine, il en résulterait que les lois universelles de l'ordre fini sont les dérivations nécessaires de Dieu. De sorte que rien ne peut être fait contre les lois de la nature qui ne soit fait en même temps contre les décrets de Dieu, contre sa nature et sa perfection, contre son intelligence et sa volonté.

Réponse. — Si l'on admet le panthéisme de Spinoza, et si l'on prétend qu'il n'y a dans toute la sphère de l'être qu'une seule substance, douée de deux attributs essentiels, l'intelligence et la volonté, se développant tous deux indéfiniment avec leurs modes propres, immanents, nécessaires, la conséquence de Spinoza est rigoureusement logique ; et son absurde principe donne logiquement naissance à une conclusion plus absurde encore.

Mais la vérité, c'est que les lois universelles, actives, donnant naissance aux lois de la nature, sont vraiment les décrets de Dieu, sont le résultat de sa sagesse et de sa volonté, qui disposent et impriment dans les choses produites des rapports merveilleusement ordonnés.

Et ces rapports, ainsi établis par Dieu entre les choses créées, ne sont autre chose que les lois de la nature. Et ces lois qui sont en Dieu se distinguent des choses créées comme l'effet se distingue de sa cause.

Enfin le vouloir divin, considéré en lui-même, ne se distingue pas de l'être de Dieu ; mais considéré sous la raison précise de cause produisant quelque chose d'extérieur à soi, il est, comme nous l'avons dit, parfaitement libre. Donc, les décrets de Dieu, qui sont le vouloir de Dieu en tant qu'il agit en dehors de lui, ne dérivent pas nécessairement de la nature divine.

3. Mais pourquoi reconnaître en Dieu un pouvoir dont il ne peut jamais user ? S'il pouvait en user, ce ne pourrait être que pour corriger ses œuvres. Or Dieu ne corrige pas plus ses œuvres qu'il ne se corrige lui-même. (Spinoza, *ibid.*)

Réponse. — Ce n'est pas pour corriger ses œuvres, mais c'est pour faire une manifestation publique et solennelle de sa puissance, ou encore en certains cas, pour affirmer son autorité, pour justifier la vie d'un saint, pour corroborer l'enseignement et justifier la céleste mission d'un prophète, que Dieu peut ainsi agir extraordinairement, en dehors de l'ordre qui existe dans les choses.

4. On ne peut admettre un changement dans les lois de la nature sans admettre en même temps un changement dans la pensée divine ; parce que les lois de la nature sont telles que Dieu les pense.

Réponse. — Sans doute, les lois de la nature sont telles que Dieu les pense, mais Dieu peut bien *ab æterno* les penser avec certaines exceptions extraordinaires : *Deus non facit contra rationes naturales mutabili voluntate : nam Deus ab æterno prævidit, et voluit facere quod in tempore facit. Sic ergo instituit naturæ cursum, ut tamen præordinaretur in æterna sua voluntate, quod præter cursum istum quandoque facturus erat* (S. Th. *De Pot.* q. 6-a. 1. ad 6um).

5. On objectera que si une telle activité pouvait exister, tout l'ordre de la nature serait bouleversé.

Réponse. — Cela n'est pas vrai. Dieu est la cause de l'ordre, et la loi législatrice de toute chose ; et étant admis le cas d'un événement extraordinaire dans le temps, Dieu a fort bien pu disposer *ab æterno* l'ensemble des choses, pour qu'il ne soit nullement troublé par suite des effets extraordinairement produits. Nous n'admettons pas ici la théorie proposée hypothétiquement par l'abbé de Houtteville (1), qui prétend que de tels événements auraient été enveloppés à titre d'effets dans le plan des lois universelles établies par Dieu. Non, de tels événements n'auraient alors ni continuité, ni véritable immanence dans l'ordre cosmique établi par Dieu; ils seraient comme des messagers, comme des voix exceptionnelles de Dieu parlant pour des fins exceptionnelles. — Le mode d'intervention extraordinaire que nous enseignons ici est absolument celui qui est enseigné par saint Thomas, et nous n'avons pas ici à discuter la possibilité de la très ingénieuse théorie proposée par le savant abbé de Houtteville.

6. On dira sans doute encore : mais cette action de Dieu, agissant en dehors de l'ordre établi, est contraire à la nature des choses; et là où elle se produirait, elle ferait violence à ces rapports

---

(1) *La religion chrétienne prouvée par les faits* (liv. I, ch. 6). — Voici ses paroles : « En donnant à la matière le degré juste de mouvement, qu'elle devait avoir dans tous les siècles, on conçoit que Dieu a pu déterminer de cette sorte la loi des communications ; qu'en tel temps, par exemple, le monde a dû voir telle guérison, telle éclipse, telle résurrection... Les miracles sont enveloppés à titre d'effets dans le plan des lois universelles... ils naissent de celles qui nous sont cachées, ou bien de la combinaison de celles-ci avec celles que nous connaissons. »

que Dieu lui-même a déterminés entre les êtres. Cela ne peut être admis.

Réponse. — Dieu n'est pas un agent partiel, qui ne produit seulement qu'une partie de l'effet. L'action divine est la cause de tout ce qui a la raison d'être dans les choses créées. Dieu est souverainement *acte*, et la créature par rapport à Dieu est souverainement *puissance*, ou, si l'on préfère, elle est toute *réceptivité;* la créature est toute *obéissance*, et Dieu est tout *commandement*. — *Comparatur ad omnia sicut movens ad motum* (*C. Gentiles*, liv. III. c. 105). Aussi, quand, sous son action immédiate, Dieu modifie ou suspend momentanément en certains êtres particuliers les rapports de contingence qu'il a librement établis, il ne fait pour cela aucune violence à la créature. Les choses finies, considérées d'une façon absolue, peuvent être ordonnées de manières diverses; et on devra toujours appeler disposition naturelle celle que Dieu leur aura donnée. *Quomodo*, dit saint Augustin (Cité de Dieu, liv. 21. c. 8) *est contra naturam, quod fit Dei voluntate, cum voluntas tanti utique conditoris condita cujusque rei natura sit? Ergo portentum fit non contra naturam, sed contra quam est nota natura.*

7. De plus, la philosophie profane refuse à Dieu le pouvoir de produire un fait en dehors de l'ordonnance actuelle de la nature, en invo-

quant le cours des choses, qui est toujours le même, la constance de ses sourdes et inexorables lois, qui, plus on les étudie, plus nous convainquent de l'impossibilité d'une action quelconque en dehors d'elles.

Cette objection déplace la question, et la fait descendre des hautes sphères de la métaphysique sur le terrain de la physique ; de plus, elle conclut sophistiquement de ce qui se fait en nature, à l'impossibilité du contraire. Le cours de la nature, tel que Dieu l'a fait, n'est que passif et dépendant ; dans son expression la plus haute, en tant qu'il est dans la cause première, il se présente comme la volonté libre de Dieu. La constance des lois de la nature prouve certainement la stabilité du fait dans l'ordre physique, mais non pas l'impossibilité du contraire dans l'ordre métaphysique.

Et puis, est-il vrai que, dans l'ordre des faits, les lois de la nature aient toujours été si constantes qu'on n'ait jamais constaté la production de certains événements en dehors de ces lois ? La foi du genre humain pense le contraire ; des documents d'une sincérité parfaite, ayant toute la certitude historique, nous racontent la résurrection de Lazare, et la résurrection, plus étonnante encore, de Notre Seigneur Jésus-Christ ; des hommes sérieux, de vrais savants, prudents et avisés, rapportent comme certains des prodiges opérés même de nos jours, au-dessus et au delà de toute loi naturelle.

8. Enfin, on dira que la nature est l'œuvre de Dieu, et par conséquent parfaite dans ses dispositions. C'est un accord merveilleux de forces, d'opérations et de passions, dont la moindre intervention étrangère suffirait à détruire l'admirable perfection.

Réponse. — Il n'est pas vrai que la nature soit absolument parfaite, parce que le maximum possible de la perfection créable n'existe pas en face de l'inépuisable toute-puissance. On ne peut reconnaître dans l'œuvre de Dieu qu'une perfection relative, par rapport à la fin qu'il s'est lui-même proposée : *Universum*, dit saint Thomas (1er P. q. 25 a. 6, ad 3um), *suppositis istis rebus non potest esse melius propter decentissimum ordinem his rebus attributum a Deo, in quo bonum Universi consistit.* Mais qui donc pourrait défendre à Dieu de se proposer d'autres fins, et par suite de modifier l'ordre présent, en conservant toujours la perfection relative ?

IV

Et maintenant, pour terminer ce travail, nous répondrons à une difficulté qui pourrait naître dans l'esprit de nos lecteurs. Ils se demanderont peut-être pourquoi, en présence d'une telle abondance de preuves, nos incrédules ne désarment pas, et refusent à Dieu le pouvoir d'agir en dehors de l'ordonnance et des lois de la nature? — La vraie raison de cette obstination, c'est l'esprit préoccupé par la négation de l'Absolu.—« Dieu ne peut pas faire de miracles, écrivait Renan à M. Guéroult, parce qu'il n'existe au-dessus de l'homme aucun être auquel on puisse attribuer un rôle appréciable dans le cours soit matériel, soit moral de l'Univers. » — Aussi pour les incrédules, tous nos raisonnements n'aboutissent à rien, puisque la négation de l'Absolu entraîne avec elle la négation d'une puissance supérieure à la nature. En vérité, tout le nœud de la question se trouve dans l'existence bien comprise de Dieu.

TABLE ANALYTIQUE

DES MATIÈRES

L'activité volontaire de l'homme et la causalité divine.
(pages 1 à 79)

I

L'activité volontaire de l'homme ne peut développer sa perfectibilité sans se mettre en rapport avec un objet extrinsèque et surtout avec Dieu.

1. — Il est nécessaire que l'activité extérieure se mette en rapport avec un être qui lui soit extérieur pour qu'elle puisse développer sa perfectibilité.
2. — Ce corrélatif répondant à la perfectibilité de l'activité volontaire, c'est l'être — l'être fini et l'Être infini. D'une façon adéquate et parfaite, c'est l'être infini.
3. — L'être fini ou infini actualise et détermine l'activité volontaire comme le terme objectif de la connaissance et de l'amour.
4. — L'activité volontaire se rapporte à Dieu comme à l'objet qui la constitue, la meut, la termine, la domine, la soutient, la dirige, la commande.

OBJECTIONS CONTRE CETTE DOCTRINE

Première Objection. — Il n'y a, dans la volonté humaine, qu'une série de vouloirs, n'ayant entre eux d'autre rapport que celui d'une simple succession. Prétendre que ces vouloirs dépendent objectivement d'un être qui existerait en dehors de l'activité volontaire, c'est dépasser les limites de l'expérience.

Deuxième Objection. — La personne humaine est constituée par sa volonté libre, dans une complète indépendance de toute détermination extrinsèque.

Troisième Objection. — La dépendance de l'activité volontaire n'est pas nécessaire, mais libre; puisque chacun sent en soi la possibilité d'un isolement sublime, où, se séparant de tout ce qui est en dehors de soi, on demeure seul avec soi-même maître absolu des ses puissances.

Quatrième Objection. — Que peuvent avoir à faire les objets extrinsèques avec les actes de l'activité volontaire, qui sont intimes et immanents, éminemment personnels?

Cinquième Objection. — L'activité libre ne veut que son vouloir; elle n'aime pas une chose parce qu'elle est bonne, mais la chose est bonne parce qu'elle est aimée.

Sixième Objection. — L'activité volontaire ne regarde que soi, et l'amour de soi est en réalité la fin dernière que l'on recherche en tout vouloir.

Septième Objection. — Dans le développement de l'activité volontaire, on retrouve le progrès propre à l'homme; et le terme suprême de ce progrès se trouve précisément dans le sacrifice total de soi-même au bien. Or le bien est commun à tous les êtres particuliers, et ne forme avec eux qu'une seule et même chose. Donc le développement de l'activité volontaire ne réclame pas objectivement un objet extrinsèque; ce développement n'est qu'un retour produit par la force d'abnégation à ce bien suprême qui est au fond de tous, et qui est identique à tous.

Huitième Objection. — Si l'objet extrinsèque meut l'activité volontaire, alors l'activité volontaire est esclave de cet objet : donc la volonté n'est plus libre ; c'est le déterminisme qui a le dernier mot.

RÉPONSES A CES OBJECTIONS

II

Dans tous ses commencements, dans tous ses mouvements et dans toutes ses opérations, l'activité volontaire se trouve sous l'influence physique, immédiate, efficiente de Dieu.

1. L'activité volontaire est une cause parce que le vouloir de l'homme est un effet, et que c'est elle qui le produit.
2. Il y a dans l'exercice de l'activité volontaire deux passages : l'un passif, l'autre actif.
3. Ces deux passages sont quelque chose de réel.
4. Tous les commencements, toutes les opérations de l'activité libre sont des réalités, et ont l'être, l'être communiqué et contingent ; donc ils dépendent de l'Etre nécessaire et de la cause première.
5. L'activité volontaire est une cause en puissance, instrumentale et intermédiaire ; donc elle se révèle comme essentiellement dépendante de la cause qui est absolue, qui est l'acte pur, qui est *principale* et *première*.
6. La notion objective de l'Infini ne se comprend pas sans une vertu causale infinie, atteignant et contenant en général et en particulier les êtres finis dans leur être comme dans leur activité, dans tous les modes de leur être et de leur activité.

OBJECTIONS CONTRE CETTE DOCTRINE

Première Objection. — Tout être qui veut a l'être propre, a la vertu volitive propre : donc il a une activité propre.
Deuxième Objection. — L'activité volontaire créée, quant à ses déterminations et à ses mouvements, est virtuellement en acte ; et quant à ses déterminations et opérations particulières, elle est vis-à-vis d'elles comme l'acte parfait vis-à-vis de l'acte imparfait.
Troisième Objection. — Dans cette doctrine, l'activité volontaire de l'homme n'est pas une activité ; c'est une passivité, une mobilité, une sorte de matière première spirituelle.
Quatrième Objection. — L'indifférence et l'indétermination active n'appartiennent-elles pas à l'essence même de la liberté ?
Cinquième Objection. — Comment concilier cette doctrine avec l'enseignement de Saint Thomas ?

RÉPONSES AUX OBJECTIONS

III

Comment concilier l'indépendance propre à la liberté

humaine et la dépendance totale de cette même liberté sous l'universelle influence de la causalité divine ?

1. Cet accord doit se chercher entre la liberté créée, telle qu'elle est, et la causalité divine, telle qu'elle est.
2. La liberté créée est pouvoir un actif mobile ; — ce pouvoir peut produire des vouloirs sans nombre, divers, et même contraires entre eux ; — il a la possession et le domaine de sa propre efficacité ; — il appartient à l'ordre des causes causantes causées ; — il est une cause indépendante de toute influence *efficace* d'une cause seconde.
3. La causalité divine est une vertu infinie, cause première par essence, ayant une influence causale principale, transcendentale et universelle.
4. La cause divine crée la cause libre, finie dans son pouvoir, dans son exercice de cause et d'activité ; elle la crée se déterminant elle-même et par soi à tel ou tel travail. Donc entre la cause divine et la cause libre, créée causante, se trouve la même relation qui existe entre la cause et l'effet. Et parce que la raison de tout ce qui est l'effet doit exister tout entière dans la cause, il en résulte que la première racine de cet accord doit se chercher dans l'efficacité toute-puissante de la volonté divine.

IV

Réfutation du Molinisme qui fait consister l'accord entre l'activité libre de l'homme et la causalité divine, dans une indifférence active, dégagée de toute motion externe déterminante.

1. Défaut du point de départ du Molinisme dans la recherche de la conciliation.
2. Il n'y a pas d'absolue répugnance entre l'influence causale de Dieu sur l'exercice déterminé de la liberté et l'indépendance propre de cette liberté créée.
3. Prétendre, comme le fait le Molinisme, qu'en dehors de cette motion, qui est la tendance au bien universel, il faut écarter de la liberté créée toute prémotion efficace ; affirmer qu'une activité indifférente, et persévérant dans cette indifférence au moment de la production de l'acte, puisse

être la cause de l'acte, cela ne tend à rien moins qu'à détruire la raison ontologique de la cause.
4. Le Molinisme détruit complètement la raison de causalité libre.
5. Il contrarie l'universalité de la cause première par essence qui embrasse tout.
6. L'obscurité du Thomisme ne vient que des faiblesses de notre pauvre esprit, qui, tout en connaissant l'existence de l'accord entre la causalité divine et la causalité humaine est impuissant à en connaître le comment ; tandis que l'obscurité du Molinisme résulte de véritables impossibilités.

CONCLUSION DE CETTE ÉTUDE.

La critique de la raison pure d'après Kant et la vraie philosophie
(pages 80 à 167)

INTRODUCTION

I

Exposition de la doctrine de Kant sur la raison pure.

Deux classes d'éléments de la connaissance humaine : éléments sensibles internes ou externes, éléments purement intelligibles. Ces derniers sont purs de toute sensation, ils sont, à priori, d'une absolue nécessité, d'une absolue universalité ; ils sont la matière de la critique de Kant.

Kant examine, à propos de ces intelligibles purs, les points suivants :
1. De quelle source dérivent-ils ? — De la spontanéité de l'intellect.
2. Quelle valeur ont-ils pour représenter la réalité existante ? — Aucune.
3. La Métaphysique, comme science, est-elle possible ? — Non.
4. Existe-t-il au moins dans l'homme une connaissance empirique ? — Oui.

5. Quelles sont les conditions du savoir expérimental ?
(a). Il faut des impressions reçues dans la sensibilité externe ou interne.
(b). Il faut des impressions sensibles actualisées par les formes pures du temps et de l'espace.
(c). Il faut que ces impressions soient soumises à la lumière des concepts et des jugements purs et à priori.
(d). Il faut qu'elles soient soumises aux idées transcendentales du moi pensant, de la cause première, de l'Absolu.
6. Quelle en est la manière de procéder ? — Le moyen de la synthèse, c.-à-d. la composition de l'élément matériel et de l'élément formel.
7. Quelle en est l'origine ? La sensibilité et l'intellect.
8. Quelle en est la nature ? — C'est une composition d'éléments sensibles, de formes pures, de concepts, d'idées. Cette connaissance est *empirique, subjective, phénoménale.*

II

Réfutation des principales assertions du criticisme de Kant.

(a). Les impressions de la sensibilité ne sont pas aveugles.
(b). La matière, autour de laquelle roule la sensation externe, n'est pas placée en dehors de l'espace et du temps.
(c). Le temps et l'espace, actualisant les impressions sensibles, ne sont pas des formes pures, à priori.
(d). Les formes pures de l'intellect ne sont pas de simples apparences.
(e). Le principe de causalité n'est pas un principe *synthétique à priori*, mais *analytique à priori*.
(f). L'Absolu est une idée réelle, qui représente l'être à l'esprit humain.
(g). La cause première n'est pas une idée sans réalité. Elle est une propriété de l'Absolu, une condition nécessaire du fini.
(h). Le moi pensant, considéré logiquement, idéalement, concrètement, est toujours quelque chose de réel.
(i). L'origine des intentions sensibles n'est pas dans la sensibilité, ni l'origine des concepts dans la spontanéité de l'intellect.
(j). La Métaphysique est possible comme science.

(k). Examen de cette conclusion de Kant, à savoir que la science spéculative est possible, pourvu qu'elle se restreigne aux objets qui tombent sous l'expérience des sensibles externes.
(l). La critique de Kant n'est pas un examen : elle est une contradiction, un anéantissement de la raison.

III

La raison pure est capable de représenter la réalité existant en soi.

La connaissance de l'homme est une lumière intérieure, immanente, vitale, manifestative. Elle a devant elle des faits internes, des faits externes, des notions logiques, des raisons idéales.
Les faits internes et externes sont regardés comme existants en soi par le jugement naturel et spontané.
Quant aux notions logiques, nous considérons comme réelles les natures qu'elles représentent.
Les raisons idéales ont une réalité objective, d'après le jugement naturel et spontané.
Réponses aux objections de Kant.

IV

Fondement, règles et procédé de la critique de Kant.

1. Kant commence par le doute universel au sujet de la raison pure, doute réel, sincère et consciencieux.
Or, un semblable doute est une impossibilité pour l'intellect.
2. Voici les deux règles de la Critique de Kant :
(a) Nihil est in intellectu, si prius non fuerit in sensu.
(b) Nihil intellectus intelligit, nisi sibi ipsi fuerit idem.
Fausseté de ces deux règles.
3. Le procédé de Kant est dogmatique, sophistique; c'est le rationalisme absolu.

V

Arguments en faveur de la Critique de Kant.

1. Si telle est la Critique de Kant, comment expliquer son influence ?
2. Le résultat de la critique de Kant est excellent, en ce sens que les objets du savoir humain doivent être les sensibles et non pas les intelligibles.
3. Quand le savoir humain veut aller au-delà des sensibles, il se perd et ne fait aucun progrès.
4. On trouve de nombreux points de ressemblance entre l'École et le criticisme de Kant.
5. La doctrine de Kant n'est pas aussi absurde qu'on dit : car tout est imminent dans la connaissance, la faculté, l'acte, le terme formel de l'acte.
6. L'être de la connaissance n'étant pas intrinsèquement et complètement une apparence, où se trouve la réalité ?
7. L'universalité, la nécessité, qui sont des notions tout à fait logiques, s'appliquent au concept. Donc le concept, lui aussi, appartient complètement à l'ordre logique.
8. L'intellect, étant un vrai producteur de chimères, on ne peut pas dire que le réel soit, par soi, l'objet de l'intellect.
9. La raison pure ne peut avoir aucune valeur pour la réalité. Elle est antithétique ; sur la même chose elle dit le oui et le non. Donc elle n'est pas la lumière du vrai.
10. Il est difficile d'admettre qu'un esprit comme celui de Kant ait pu poursuivre un résultat aussi désastreux pour la conscience humaine.

RÉPONSES A CES ARGUMENTS

VI

La Critique de la raison pure selon la vraie philosophie.

La connaissance de l'homme est un fait, réel, fini, accidentel, expérimental ; il est en nous présent à l'intime de notre être. Ce fait a pour objet l'être.

Dans ce fait général de la connaissance, il y a le fait particulier de la raison pure, qui est ordonnée à la représentation de l'Absolu et des modes divers de ses possibles communications.

Cette représentation de la raison pure est une expression, et une expression qui exprime quelque chose ; et la réalité exprimée est bien celle qu'elle exprime ; et la chose exprimée est réellement en soi, parce que le néant par soi ne s'exprime pas.

La raison pure, actualisée par le simple concept, est infaillible, parce que l'esprit, sous la lumière d'un concept ayant sa propre unité et sa définition circonscrite en soi, ne peut donner le change à l'esprit.

En tant qu'elle est représentative, la raison-pure manifeste analogiquement l'Être, le Vrai, le Bon, la Cause Universelle, l'Absolu, les possibilités des existences finies, les formes exemplaires de l'être, de l'entendement et du vouloir.

Voici la règle principale et universelle de la critique : Tout ce que représente le concept simple de la raison pure, et tout ce qui a une connexion évidente, immédiate ou médiate avec ce concept, est infailliblement et certainement vrai.

CONCLUSION DE CETTE ÉTUDE

La Passion ou la mise en acte de la passivité et ses cinq aspects dans l'âme humaine (pages 163 à 228)

I

État de la question.

II

Qu'est-ce que la passion dans sa signification la plus générale ?

C'est l'acte de recevoir ou la mise en acte de la puissance passive. Cette mise en acte est une innovation réelle, une relation de sujétion vis-à-vis de l'agent, une relation réelle, entitative, transcendantale ; c'est une adaptation qui modifie le patient et le rend conforme à son agent.

III

La passion considérée sous l'aspect ontologique.

L'être de l'âme humaine et de ses facultés étant un être reçu, c'est une passion, que nous appelons passion *ontologique*.

Elle diffère des autres en ce qu'ici nul sujet n'est présupposé ; tout est reçu. C'est donc une passion, une réception pure.

Cette vérité sur l'être de l'âme est la source de plusieurs vérités très importantes.

La première est la présence intime de Dieu dans l'âme.

La seconde est l'adaptation de l'âme humaine à Dieu.

La troisième est que cette adaptation de conversion vers Dieu constitue le principe du devoir et de toute la morale.

La quatrième, c'est que toutes les autres adaptations, qui se manifestent dans l'activité humaine, se trouvent sous l'influence de cette adaptation originelle.

IV

La passion considérée sous l'aspect psychologique.

La passion psychologique est la mise en acte de la sensibilité de l'âme humaine.

Elle est à la fois une impression et une réflexion.

Elle a différents degrés différenciés : 1° par l'intensité plus ou moins grande du sentiment ; 2° par la faculté qui produit et reçoit l'acte.

V

La passion considérée sous l'aspect psychologique intellectuel.

C'est une réception imprimée dans la sensibilité de l'âme et qui prend son origine dans l'intelligence.

Cette réception mérite surtout le nom de passion, quand elle est accompagnée de sentiments puissants et forts, et mieux encore, quand elle est une impression de la volonté.

Il y a quatre formes sous lesquelles se présentent les passions de la volonté :

Le plaisir, — c'est-à-dire la volonté visant le bien présent.
La tristesse, — c'est-à-dire la volonté visant le mal présent.
Le désir, — c'est-à-dire la volonté visant le bien absent.
La crainte, — c'est-à-dire la volonté visant le mal absent.

VI

La passion considérée sous l'aspect psychologique animal.

C'est la mise en acte de la sensibilité animale, mise en acte qui prend son origine dans l'imagination.

Dans l'École, le mot passion *animale* est réservé pour désigner le mouvement de l'appétit animal, qui a comme conséquence une commotion corporelle.

Le principe de ce mouvement est l'amour de soi — corps.

Ici, par ce mot *passion animale*, on désigne l'élan de l'appétit vers l'objet, l'impression qui découle de cet appétit dans la sensibilité animale, les mouvements corporels, les sensations agréables ou douloureuses de l'âme et du corps qui en résultent.

VII

La passion considérée sous l'aspect psychologique organique.

C'est l'impression produite dans les organes corporels par les agents extérieurs.

Les passions organiques sont de deux sortes : celles qui accroissent l'énergie vitale, et celles qui la diminuent.

VIII

La passion animale considérée sous l'aspect moral.

Considérée en elle-même, la passion animale est physiquement bonne; elle n'est ni morale, ni immorale parce qu'elle n'est pas libre.

Considérée dans ses rapports avec la liberté dévoyée du droit chemin, elle se présente à nous sous l'aspect immoral.

Considérée dans ses rapports avec la liberté inspirée par le sens moral, elle se présente à nous sous l'aspect moral.

Il y a entre la passion et la liberté morale des rapports de cause matérielle, occasionnelle, auxiliaire, qui n'excluent pas cependant la disproportion et l'accord qui peuvent exister entre elles.

IX

Des passions considérées se'on leur mutuelle influence.

De la réciproque influence des passions, on peut déduire quatre lois :

1. Tous les mouvements de la vie de l'homme ont entre eux une réelle communication.
2. Les influences des divers mouvements des passions se meuvent comme dans un cercle.
3. Dans une multitude de mouvements unis, le plus fort l'emporte sur le plus faible.
4. Les mouvements les plus faibles inspirés par les plus forts se ressentent de cette inspiration.

SOLUTION DES DEUX QUESTIONS SUIVANTES.

1. L'influence de la passion peut-elle être assez forte pour détruire la liberté ?
2. Comment les passions organiques peuvent-elles influer sur les passions animales, et celles-ci, à leur tour, sur les passions intellectuelles ?

X

Les passions considérées dans leur lien, leur origine, leur terme.

1. Leur lien. — La passion ontologique, en tant que passion, ne se rattache qu'à l'action créatrice de Dieu.

A cette passion se rattachent le sentiment et l'amour que l'âme a de soi.

A ce sentiment et à cet amour se rattachent l'amour de son propre corps et l'amour du Vrai et du Bien suprêmes; et ces deux amours sont reçus tous deux dans la volonté libre qui les développe dans un mutuel rapport.
2. Leur origine, — c'est l'amour de soi.
3. Leur terme dernier — c'est Dieu, connu, aimé et servi.
Conclusion de cette étude. — Nous sommes à Dieu et de Dieu ; nous sommes les passions de son action.

Du pouvoir extraordinaire de Dieu sur les lois de la nature (pages 229 à 270)

I.

Peut-il se faire que Dieu opère en dehors des rapports immédiats que les êtres créés ont avec la causalité divine ?

1. Il ne peut se faire que l'action de Dieu s'actualise dans les choses autrement que par son savoir et son vouloir, ni que les choses produites ne se rapportent pas au savoir et au vouloir divins.
2. L'objet qui peut être produit par la puissance de Dieu n'est pas autre chose que l'être possible.
3. Il ne peut se faire que Dieu produise une chose sans l'incliner et la convertir à soi.
4. Il répugne absolument que Dieu, sortant de lui-même, opère la moindre chose sous l'empire de la nécessité; ou bien qu'une chose existant en dehors de Dieu puisse prétendre à la nécessité absolue de son être.
5. Dans l'ordre des efficiences externes, les choses dépendent essentiellement de Dieu seul : et il n'est pas possible que Dieu fasse dépendre essentiellement d'une cause seconde la production de tel ou tel effet.
6. Dieu ne peut pas faire qu'une cause seconde produise une chose qui, en même temps, ne soit pas complètement produite par Dieu, dans l'ordre de la cause première.
7. Le vouloir de Dieu change les choses et ne se modifie jamais.

II

La puissance de Dieu peut-elle agir en dehors de ces rapports uniformes et constants qu'ont les êtres entre eux ?

Dieu, qui peut imprimer au mouvement des choses une direction différente de celle qui est dans la nature, peut évidemment agir en dehors des lois qui régissent la nature, puisque c'est le mouvement qui imprime l'ordre et exécute les lois. Or, que Dieu puisse faire cela, nul être qui raisonne n'osera le nier.

Preuve de cette conclusion par les arguments mêmes de saint Thomas dans son chapitre 99ᵐᵉ de son 3ᵉ livre contre les Gentils.

III

OBJECTIONS CONTRE NOTRE DOCTRINE

1. La pensée de Dieu est nécessaire, donc son vouloir l'est aussi. Donc tout effet est nécessaire en tant qu'il est nécessairement voulu par Dieu.
2. Les lois universelles de l'univers sont les décrets mêmes de Dieu. Y toucher, c'est porter atteinte à sa nature et à sa perfection, à son intelligence et à sa volonté.
3. Dieu ne corrige pas ses œuvres.
4. Admettre un changement dans les lois de la nature, ce serait admettre un changement dans la pensée divine.
5. Toucher aux lois de la nature, c'est la bouleverser.
6. L'action de Dieu agissant en dehors des lois de la nature, ferait violence aux rapports qu'il a lui-même déterminés entre les êtres.
7. Le cours des choses est toujours le même et les lois de la nature sont d'une constance inexorable.

RÉPONSES AUX OBJECTIONS.

Conclusion. — Tout le nœud de cette question se trouve dans l'existence bien comprise de Dieu.

Poitiers. — Imprimerie BLAIS ET ROY, 7, rue Victor-Hugo.

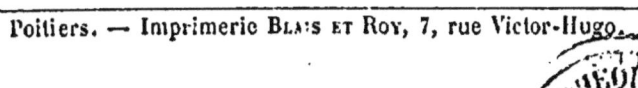

Documents manquants (pages, cahiers...)
NF Z 43-120-13

www.ingramcontent.com/pod-product-compliance
Lightning Source LLC
Chambersburg PA
CBHW070747170426
43200CB00007B/677